책 읽어주고 이야기해주는 부모들

유소영 | 정애희, 김단아, 신정범

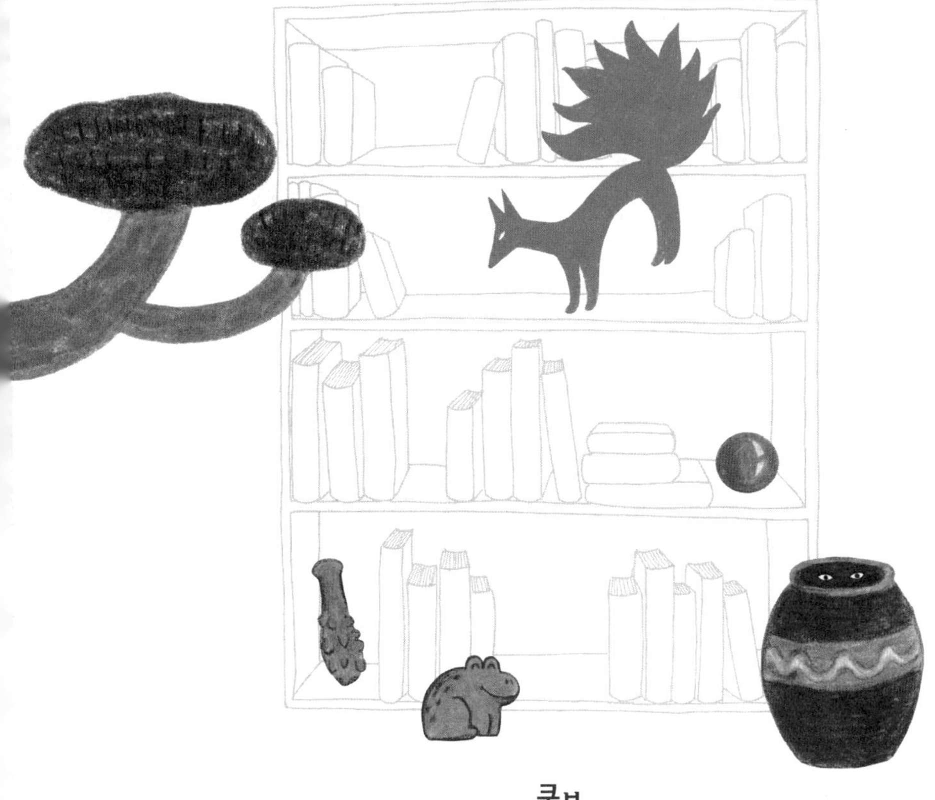

쿠북

책 읽어주고 이야기해주는 부모들

1판 1쇄 찍은날 2008년 2월 25일
1판 1쇄 펴낸날 2008년 2월 29일
지은이 유소영, 정애희, 김단아, 신정범
펴낸이 오 명

펴낸곳 **쿠북**
등록 / 제 4-3 호(1971. 6. 21)
주소 / 143-701, 서울시 광진구 화양동 1번지
건국대학교출판부
전화 / (02)450-3891~3
팩스 / (02)457-7202
홈페이지 / http://press.konkuk.ac.kr
e-mail / press@konkuk.ac.kr

책임편집 이지은

찍은곳 동화인쇄(주)

정가 **11,000 원**

ISBN 978-89-7107-489-3 03800

이 도서의 국립중앙도서관 출판시도서목록(CIP)은 e-CIP 홈페이지(http://www.nl.go.kr/cip.php)에서 이용하실 수 있습니다.(CIP 제어번호: CIP2008000995)

머리말

독서교육의 최종 목적은 학생들이 책을 읽는 습관을 들여서 평생 책을 통해 학습하도록 하려는 데 있다. 초·중등학교 때 독서하는 습관을 들이지 못한 학생들은 연구의 태도가 필요한 대학에 와서도 수업에서 의무로 읽어야 하는 것 외에는 별로 책을 보지 않는다.

대학생이 되어 책 읽는 시간이 너무 적고, 공부하는 시간이 적고, 따라서 폭넓고 깊이 있는 전문지식은 물론 지성인으로서 교양이 일천한 것은 초·중등학교 시절에 독서하는 습관을 들이지 못한 데에 큰 원인이 있다.

이렇게 책 읽는 습관을 들이지 못한 것은 초·중등학교에서 독서교육을 하지 않아서가 아니라 학생들이 독서를 좋아하도록 만들지 못한 데 원인이 있다. 무엇이든 습관이 될 정도라면 그 하는 일이 재미있게 느껴져야 자꾸 하게 되고 마침내 습관으로 굳어지는 것이다. 이러한 상식선의 원리가 초·중등학교의 독서교육에 반영되지 않는 것이다.

일반적인 이야기이지만 동서양을 막론하고 학생들은 학교가 재미없다고 한다. 학교에 가기 싫다고 말하기까지 한다. 세상이 바뀌어서 집이나 거리에 재미있는 것들이 넘쳐나는 지금에도 학교에서는 공부 방식을 거의 바꾸지 않고 옛날식으로 하고 있기 때문이다. 텔레비전을 보거나 컴퓨터를 하는 것보다 더 매력 있는 것을 하는 곳이 학교라면 아이들이 학교에 가기 싫다고 하지 않을 것이다.

학교의 여러 가지 수업시간 중에서도 가장 재미있게 해야 할 시간은 독서교육 시간이다. 말하자면 국어 시간이나 독서지도 시간은 아이들 스스로 책읽기를 즐겨하도록 꾸며져야 아이들의 머릿속에 책에 관한 재미있고 유익한 인상이 심어지고 끊임없이 책과 가까이 하려는 생각을 갖게 된다. 학교에서는 그것을 모르는 바가 아니지만 실제로는 그렇게 되지 않는다. 학교라는 커다란 시스템이 하루 이틀에 바뀌지 않으며 거기에 따르는 여러 가지 조건들이 잘 따라주지 못하기 때문이다.

그렇다면, 학부모들이 서둘러 아이에게 도움 되는 일을 해야 하지 않을까? 옛부터 학생들의 교육을 위해서는 교사와 학부모와 학생의 유기적인 협력이 있어야 효율적이고 높은 성과를 낼 수 있다고 했는데, 지금 우리 학부모들은 마음은 간절하고 아이에게 바라는 것은 크지만 아이를 학교에 맡기거나 학원에 일임하는 것이 거의 전부인 경우가 많다. 부모의 책임은 건강을 위해 먹는 것과 입는 것, 자는 것을 챙기는 것이라고 생각하는 학부모들도 많이 있다.

그러나 어떤 부모라도 아이들의 의식주를 챙기는 것 이상의 일을 할 수 있다면 또 그것이 아이의 장래를 위해 아주 중요하다면 기꺼이 그 일을 해야 한다고 생각할 것이다. 그 중요한 일이 아이들에게 아주 어려서부터 매일매일 이야기를 해주거나 책을 읽어주는 일이다.

아이가 알아듣지 못하는 아기 적부터 이야기를 들려주고 읽지 못할 때부터 재미있고 유익한 책을 읽어주면 아이들이 학교에 가서도 책은 재미있고 유익하다는 인식을 갖고, 자신도 모르게 책을 읽는 버릇을 갖게 된다. 아이들이 책에 대해 좋은 인상을 갖게 되는 것이다.

최근에는 아기가 태안에 있을 때부터 산모가 마음을 즐겁고 편안하게 하는 책을 소리 내어 읽기를 권한다. 태안의 아기가 책의 내용을 알아듣는 것은 아니지만 즐겁고 편안한 느낌의 어머니의 목소리에 호의적으로 반응한다는 것이 알려졌기 때문이다.

어떤 일에 대해 호감을 갖는 의식이 생기기까지는 시간이 걸린다. 한두 번 재미있고 유익하다고 느끼는 것으로는 부족하다. 매일매일 정기적으로 그 일을 계속하면 익숙하게 길이 들고 버릇이 생긴다. 어느 사이에 그 일을 좋아하는 버릇이 생기게 되는 것이다. 이 말에 동의하는 학부모들이 질문을 할 것이다. 그러면 무엇을 어떻게 이야기해주고 읽어주어야 하는가?

이 책은 왜, 무엇을, 어떻게 이야기를 들려주고 읽어주어야 하는가에 대해 기술한다. 아주 실제적인 참고서로 사용될 것을 기대하고 집필한 것이다. 아무쪼록 많은 학부모와 아이들의 교육에 관여하여 일하는 교사, 사서교사, 공공도서관 사서들에게 도움이 되기를 희망한다.

이 책의 상당 부분을 할애한 7장에서는 읽어줄 책의 선정에 도움이 되도록 읽어주기에 좋은 그림책을 소개하였다. 좋은 그림책 선정에 건국대학교 대학원에서 독서지도 수업을 수강한 정애희, 김단아, 신정범 학생이 참여하여 원고를 작성하였다. 이들의 수고에 감사한다. 또 겉표지를 예쁘게 디자인해주신 최남주 님과 본문의 삽화를 그려주신 신현주 님, 그리고 그림책의 그림사용을 허락해주신 출판사, 저작권자들께 감사를 드린다.

끝으로 이 책이 나오기까지 애써주신 출판사 쿠북의 이지은 님께 깊이 감사한다.

2008년 2월

유소영 씀

추천의 글

내 아들 딸을 바르게 사람답게 키우고 싶은 마음은 이 세상 부모의 공통된 본능적 욕망일 것이다. 특히 우리나라 학부모들의 자녀교육열은 세계에서 가장 두드러진다고 한다.

그러나 이렇게 학부모의 교육열은 높으면서 '내 아이를 인간답게 키우려면 어떻게 해야 하는가'에 대한 구체적 실천방법은 잘 모른다. 모두가 앞의 부모가 그랬듯이 '남 따라 장에 가는' 교육방식이다.

옆집 아이가 바이올린 배우면 우리 아이도 음악학원에 보내고, 친구네 아들이 영어 배우면 내 아이도 영어학원에 보내는 식이다. 또한 대부분의 부모들은 내 아이에게

"공부 열심히 해야 돼. 그래야 훌륭한 사람이 된다."

"학교 끝나면 곧장 학원에 가. 길거리서 불량식품 사먹지 말고."

이런 지시형 잔소리 교육을 하는 게 현실이다.

유소영 선생님이 쓴 이 책은 우리나라 부모님들의 위와 같은

추상적인 가정교육 문제를 말끔히 해결해주는 필독도서이다.

내 아이에게 어렸을 때부터 바른 생활습관을 길러주고, 공부도 생활도 스스로 즐겁게 할 수 있도록 하자는 데 글쓴이의 의도가 담겨 있다.

그 첫걸음으로 부모가 사랑하는 어린 아들 딸에게 엄마 아빠의 정겨운 목소리로 날마다 책을 읽어주고, 혹은 재미있는 이야기를 들려주는 일을 제시하면서 많은 예시, 풍부한 자료까지 실어 안내하고 있다.

책 읽어주고 이야기해주는 부모들. 이런 종류의 책을 나는 지금까지 본 적이 없다. 자녀교육서는 넘쳐나게 많지만…….

한마디로 말해서 어린 자녀를 키우는 우리나라의 모든 부모에게 다른 지식, 교양, 취미도서를 뒤로 하고 이 책을 필독하시라고 추천, 권유하고 싶다.

한국아동문학연구회 대표 엄기원

차 례

4 어떤 이야기를 해줄까? 읽어줄까? _ 87

5 이야기해주기, 읽어주기를 잘하는 방법 _ 129

책을
읽어주세요

1

이야기해주기,
읽어주기란 무엇인가

우리나라에 동화구연이라는 용어가 있는데 영어로는 storytelling이라고 번역한다. 그러나 이 동화구연은 영어의 스토리텔링과 같다고 하기 어렵다. 우리나라의 동화구연은 주로 이야기를 말로 구연하는 일을 가리키며 그 방법에 있어서도 매우 구체적 규칙을 중시한다. 이야기를 창작하는 일은 동화구연에서 별로 거론하는 일이 없다. 우리나라의 동화구연에서 작품을 쓰는 일이라면 이미 존재하는 이야기를 구연하기에 알맞은 형태로 개작하는 것을 의미하는 것으로 알려져 있다.

이 책에서 많이 사용할 이야기하기(storytelling)와 읽어주기(read-aloud)라는 용어에 대한 설명이 필요할 것 같다. 왜냐하면 일반적으로는 우리나라 사람들이 스토리텔링(storytelling)이라는 영어 단어를 사용할 때 서양에서 사용하는 의미로 사용하기도 하고, 이야기를 말로 구연하는 것만을 동화구연이라고 하면서 그 영어 번역어를 storytelling이라고 하는 경우가 있기 때문에 혼선이 생기는 까닭이다.

이야기하기

이야기란 *동아새국어사전*(1990)에 "일정한 줄거리가 있는 긴 말"이라고 정의하고 있다. 1995년 초판으로 발행된 *케임브리지 영어사전*에는 이야기(story)란 "사실이거나 상상이거나 일련의 연결된 사건을 기술한 것으로 흔히는 등장인물이 사건에 관계된다."고(*Cambridge International Dictionary of English*, 1995) 기술하고 있다. 이 두 사전의 정의의 공통점은 이야기는 줄거리가 있다는 점이다.

*케임브리지 영어사전*에는 사실이거나 상상의 이야기를 의미한다는 표현이 들어 있으나 *동아새국어사전*의 항목기술자는 특별히 언급하지 않았다. 이야기는 사실 이야기와 상상으로 꾸며낸 이야기의 두 가지로 나눌 수 있는데 구태여 사실의 이야기이거나 상상의 이야기라고 말할 필요를 느끼지 않았으리라고 생각된다. 그러므로 이 두 사전의 정의는 같은 것으로 보는 것이 옳다.

이에 비하여 1996년 뉴욕 랜덤하우스에서 발행한 *웹스터 영어사전*(*Webster's Encyclopedic Unabridged Dictionary of the English Language*, 1996)에는 이야기의 의미를 12가지나 적고 있는데 처음의 두 가지가 이렇다. 첫째 의미는 "청자나 독자를 재미있게, 즐겁게 또는 교육하려는 목적으로 계획한 산문 및 운문 형태의 사실적 혹은 가공의 이야기." 둘째 의미는 "가공의 이야기는 소설보다 짧고 덜 정교하다."로 되어 있다.

*웹스터 영어사전*의 정의는 이야기의 존재목적(오락과 교육)을 천명하고 말이나 문장의 형식(산문과 운문)을 제시하였으나, 내용이 사실적 혹은 가공의 것일 수 있다는 의미는 *동아새국어사전*과 *케임브리지 영어사전* 모두에 포함되어 있다.

그러므로 이들 언어사전의 정의에 따르면 세상의 온갖 살아가는 이야기가 여기에 속한다. 일상생활의 이야기, 현실의 정치나 사회, 문화, 경제 이야기, 역사적인 이야기, 판타지를 포함하는 모든 종류의 소설 이야기, 인물의 이야기 등이 모두 이야기이다. 한마디로 쉽게 말하면 사람이 살아가는 동안 일어나는 일, 만들어내는 일들을 설명한 것을 이야기라고 한다.

*웹스터 영어사전*은 이야기하기(storytelling)란 이러한 "이야기를 말로 하거나 글로 쓰는 것"이라고 정의하였다. 사람이 집단으로 살면 반드시 거기에 이야기가 있게 마련이므로 아마도 원시선사시대부터 이야기하기는 있었을 것이다. 그래서 이야기하기는 동서양을 막론하고 아주 옛날부터 행해졌다는 기록이 흔하게 많다.

옛날에는 글이 아직 없거나 보급되지 않았고 또 종이나 기타 서사자료가 귀했으므로 서양에서도 글로 쓰는 이야기하기는 후대에 생긴 것이고 말로 하는 것만이 이야기하기였다고 생각된다. 우리나라에서 '이야기하기'라고 하면 지금도 글로 쓰는 것이 아니라 말로 하는 것을 의미한다. 즉 우리나라의 '이야기하기'는 순전히 '구연'만을 뜻하며 서양에서 storytelling과 특별히 구분하여 사용하는 oral storytelling에 해당한다.

이 책에서는 말로 하는 이야기에 한하여 '이야기하기', '이야기해주기', '이야기 들려주기'라는 용어를 경우에 따라 사용할 것이다.

이야기하는 사람

한편 *웹스터 영어사전*은 "이야기하는 사람(storyteller)은 이야기를 말로 하거나 글로 쓰는 사람"이라고 정의하였고 *케임브리지 영어사전*에는 "이야기를 말로 하거나 글로 쓰는 사람 혹은 읽는 사람"(1995)이라고 적고 있다.

우리나라에 이야기꾼이라는 말이 있는데 이 단어는 서양의 이야기하는 사람(스토리텔러)과는 의미가 다르다. *동아새국어사전*에 이야기꾼을 "이야기를 재미있게 잘하는 사람"이라고 풀이한 것을 보면 이야기꾼은 이야기하는 데에 일종의 '끼'가 있는 사람이라는 뉘앙스를 풍긴다. 서양의 이야기하는 사람은 이야기꾼의 의미를 포함하여 좀 더 넓은 의미로 쓰인다. 이야기를 지어내어 말로 하거나, 글로 쓰거나, 글로 쓴 것을 읽는 사람이 모두 이야기하는 사람이다.

근래에는 우리나라에 어린이를 대상으로 하는 교육산업이 발달하고 그 수요가 대단하기 때문에 동화구연이라는 업종이 인기를 얻고 있다. 동화구연가들은 동화를 이야기 소재로 사용하는 이야기꾼이 맞다. 그들은 보통사람과는 차별적인 전문성을 주장하며 대개 교육산업의 직업인으로 활동하고 있거나 직업인으로 활동하기를 희망한다.

이야기하기의 갈래

이야기하기는 연극과 동류(同類)인 연예의 한 방법으로 생겨나고 발전하였다. 또 사람을 가르칠 때 말을 사용하게 되어 있으므로 소크라테스나 예수와 같은 사람들이 교육의 도구로 사용하였다. 이와 같이 오래전부터 연예나 교육에서 이야기하기를 자연스럽게 이용한 것과는 달리 정신적 건강상태에서 벗어난 사람들의 치료방법으로 이야기하기를 이용하기도 한다.

연예적 방법으로의 갈래

이야기하기의 원래 목적은 기쁨을 주는 것이다. 100년 전에 *아이들에게 이야기해주는 방법*이라는 책을 남긴 전설적인 인물, 사라 콘 브리안트(Sara Cone Bryant)는 이야기의 가장 우선하는 기능은 예술의 맥락에서 찾아야 한다고 말하고, 교실에서 지리, 동물, 식물, 물리를 가르칠 때조차 이야기를 사용해서 가르치지만 이야기하기의 첫째 목적은 교육이 아니라 기쁨을 주는 것이라고 말하였다.(http://www.farid-hajji.net/books/en/Bryant_Sara_Cone/ts-index. html)

이야기가 기쁨을 주기 위한 것이기 때문에 연예의 방법으로 정착한 것은 아주 자연스럽다. 영화나 텔레비전의 보급에도 불구하고 외국의 사례를 보면 이야기하기는 듣는 사람을 즐겁고 재미있게 하는 연예의 한 갈래로 많이 발전하였다.

영화나 애니메이션, 연극, 소규모의 1인극까지도 이야기를 바탕으로 제작된다. 이야기가 없으면 기본 뼈대가 없는 것이므로 제작할 수 없다. 미술이나 음악이나 무용과 같이 언어를 도구로 하지 않는 예술에서도 그 예술의 소재가, 긴 이야기이거나 단편적 단상에 불과하거나, 이야기에 있는 경우가 대부분이다. 이야기는 사람들이 세상을 살아가는 동안 일어나는 일이나 만들어내는 일을 설명하는 것이므로 당연히 사람들의 삶의 표현인 각종 예술의 기초가 될 수밖에 없다.

브리안트 이후 이야기하기를 연구하는 사람들이 이야기하기를 하나의 예술이라고 주장하는 것도 여기에 연유한다고 생각된다. 이야기하기를 연예의 성격을 지닌 예술로 인식하려는 것은

이야기하기가 대부분의 현대 예술이 생겨난 초기 형태라는 점도 한 몫을 한다. 먼 옛날에는 영화나 애니메이션이 없었고 무대장치가 훌륭한 연극도 없었으며 소박하게 둘러앉아 이야기를 해서 사람들을 즐겁게 해주는 이야기꾼이 있었다. 이런 형태의 이야기하기는 분명 연예가 주목적이었다.

우리나라의 화롯가 이야기도 첫째 목적은 듣는 사람들에게 재미를 주기 위한 것이었다. 필자는 어렸을 때 아무 장치도 없이 북과 장구를 치는 사람과 이야기하는 사람이 두루마기 차림으로 배뱅이굿을 하는 것을 구경한 기억이 있다. 우리 마을의 한복판쯤에 마당 넓은 구장집이 있었는데 선선하고 해가 긴 여름, 그 집 마당에 남녀노소 모두 모여 배뱅이굿을 구경했었다. 사랑방 화롯가 이야기가 음악을 곁들여 좀 더 흥을 돋우는 형태로 발전한 것이 필자의 기억 속에 배뱅이굿과 같은 형태의 연예였다.

서양의 이야기하기의 전통에도 이야기를 말로 하는 것은 물론 노래하고 춤추며 이야기를 전하는 복합예술적 요소를 지니는 연예가 있었다는 기록이 있다.(B. Mathias. 2005. p.8)

이와 같이 이야기하기는 의상, 음악, 춤과 같은 여러 가지 형태의 다른 예술과 병합되어 무대에 올려지기도 하고, 근래에는 주로 드라마, 음악, 코미디, 인형극 등 외형의 표현을 주로 하는 예술과 합해져서 발전하고 있다. 이러한 현상은 모두 이야기의 타고난 연예적 기능을 말해주는 것이라고 생각된다.

교육방법으로의 갈래

현재 우리나라에서 가장 활발하게 진행 중인 이야기하기의 활동은 주로 아이들의 교육을 담당하는 기능을 한다. 학교나 가정에서 아이들에게 이야기를 들려주고 책을 읽어주는 일들이 모두 교육기능을 중심 목적으로 한다.

화롯가 이야기나 배뱅이굿과는 다른 근대적 의미의 이야기하기는 1920년대의 방정환 선생으로부터 시작하여 색동회 활동에 뿌리가 있다. 이 이야기하기는 '동화구연'이라는 용어로 오늘에 이르고 있으며 연예적인 목적보다 아이들을 위한 교육의 목적이 좀 더 강하였다고 할 수 있다. 방정환 선생의 색동회 활동은 아이들을 위한 '동화'라는 이름을 표방하고 있다는 점을 보아도 교육이 우선하는 목적으로 풀이된다.

근래에 와서 어린아이들의 교육이 전에 없이 관심을 모으고 있는 풍조와 더불어 많은 사립기관들의 이야기하기 활동이 활발하게 되어 하나의 산업으로 발돋움하고 있다. 그 외에도 1990년대 중반에 비영리단체로 설립된 서울독서교육연구회(www.readingchildren.com)에서 어린이를 위한 이야기해주기 보급에 힘쓰고 있으며, 2003년에는 동화구연가들의 협회가 결성되기까지 하였다.(동화구연지도사협회. www.ikasi.or.kr)

치료방법으로의 갈래

우리나라의 독서치료는 그 내용이 서양의 스토리텔링 치료(storytelling therapy)와 유사하다. 또 문학치료는 서사치료(narrative therapy)와 유사하다. 이 두 가지 치료는 모두 정신적으로 곤경에 처한 사람들을 정상으로 돌리려는 목적으로 행해진다는 점에서 같으나 방법에는 차이가 있다.

스토리텔링 치료방법은 우선 치료사가 대화나 기타의 방법으로 환자의 문제를 파악한다. 문제가 발견되면 거기에 적절한 이야기를 해주거나 듣게 하는 방법을 사용한다. 그 이야기에서 환자가 의식적으로나 무의식적으로 이야기의 상황을 알아듣고 판단하여 이야기 내용이 자신의 곤경과 유사함을 발견하고 이야기에서의 바람직한 해결을 받아들이는 형식을 취한다.

반면에 서사치료(敍事治療)는 이야기를 사용하는 심리치료의 한 형태라는 점에서 스토리텔링 치료와 같으나 환자가 자신의 경험을 이야기하게 한다는 점이 다르다. 환자가 하는 이야기에서 문제의 핵심을 파악, 문제의 어떤 측면이 정상적 생활을 방해하는가를 발견해내고, 이를 극복하는 방법이나 지식을 제공하는 데 중점을 둔다. 극복의 방법이나 지식은 대개 문학 작품에서 찾는 것이 일반적이다.

서사치료를 환자의 경험을 '다시 쓰기(re-authoring)' 또는 '다시 이야기하기(re-storying)'라고 하기도 하는데 그 이유는 환자가 자기 이야기를 하게 하는 데 중점을 두기 때문이다. 우리나라에서 사용하는 '자기서사'라는 용어 역시 환자가 자기 이야기를 한다는 뜻으로 사용한다.

우리나라에서는 이미 독서치료학회, 문학치료학회가 발족되어 운영 중에 있다. 독서치료를 주도하는 학자들은 어린이 책을 연구하는 사람들이 주축을 이루고 있고 문학치료학회를 주도하는 학자들은 성인문학을 연구하는 학자들이 많다.

독서나 문학은 모두 사람이 살아가는 이야기를 쓴 책을 전제로 한다. 책의 역사가 아주 유구하다는 것을 감안하면 독서치료나 문학치료는 훨씬 전부터 책을 다루는 도서관 사람들이나 문학인의 관심의 대상이었을 터이나 그렇지 못하였고 근래에 이야기되고 있는 것을 보면 인문학의 실용성을 강조하게 된 시대적 원인이 크게 작용한 것이라고 생각된다.

사람이 이야기 속에서 이야기를 만들어내며 살지만 모든 이야기가 교육을 위해, 또는 치료를 위해, 또는 좋은 예술작품을 위한 소재가 되는 것은 아니다. 당연히 이야기 및 이야기하기에 대한 연구가 활발해야 이 모든 응용분야가 성공적으로 발전하게 될 것이다.

읽어주기

읽어주기는 말 그대로 글을 읽어주는 것이다. 이야기하기에서는 이야기하는 사람과 듣는 사람만 있으면 된다. 그러나 읽어주기에서는 읽어줄 글이 있어야 한다.

읽어주기에서 도구로 사용하는 글은 말로 전하던 내용을 글이라는 도구를 발명한 후부터 사용하게 된 것이다. 그러므로 읽어주기는 말로 하던 이야기하기의 내용을 그대로 이어받아

적은 글을 보조자료로 사용한다.

전문적으로 동화구연을 하는 직업인이 아닌 보통의 아이 엄마나 아빠 또는 할머니, 할아버지들도 좋은 글로 되어 있는 보조자료를 사용하여 읽어주면 전문 동화구연가들이 들려주는 것과 비슷하게 자기 아이들에게 좋은 이야기를 들려줄 수 있다. 물론 동화구연가의 전문성에는 미치지 못하더라도 읽어주기 방법을 열심히 연습하면 보통의 부모들도 자기 아이에게 훌륭한 연기자로서 역할을 할 수 있는 것이다.

독일의 문호 괴테의 어머니, 카타리나는 독일어를 겨우 읽고 쓸 수 있는 정도의 교육밖에 받지 못했지만 밤마다 잠들기 전에 괴테에게 전래동화 한 편씩을 들려주었다고 한다.(최효찬. 2007. 7.2. D3) 괴테가 후에 자라서 세계적 대문호가 된 것이 어머니의 전래동화 들려주기와 전혀 관계가 없다고 말할 수 없을 것이다. 괴테의 어머니는 괴테에게 이야기를 해주는 교사로서 역할을 훌륭하게 해낸 것이다.

문학을 특별히 좋아하지 않는 보통의 부모들은 사실적 이야기나 지어낸 이야기를 자기 아이에게 늘 들려주기 어렵다. 보통의 부모들은 이야기감이 그렇게 많지 않다. 그러니 아이가 재미있어 하면서 교육이 될 만한 이야기를 그렇게 늘 해주는 것은 실로 어려운 일이다. 아마도 아이에게 이야기를 해주기 위해 늘 책을 읽어도 적절한 이야기를 찾아내는 데 어려움을 겪을 것이다. 괴테의 어머니 카타리나도 마찬가지였을 것이다. 더욱이 그 당시는 이야기책도 지금처럼 많지 않았을 것이고 그런 상황에서 딱 들어맞는 이야기감이 전래동화였을 것이다.

우리는 아이들이 즐거운 마음으로 행복하게 자라면서 동시에 좋은 교육을 받기를 원한다. 아이를 재미있게, 즐겁게 해주면서, 교육시키려는 목적으로 이야기를 들려주는 것이 이야기해주기와 읽어주기의 취지라면 이야기하기나 읽어주기의 목적은 바로 아이를 기르는 부모의 목적과 꼭 같은 것이다.

이것이 사실이라면 어떤 부모라도 이야기를 잘 들려주어서 아이를 잘 기르고 싶을 것이다. 틀림없는 말이다. 더욱이 우리 한국의 요즈음 엄마나 아빠, 할머니, 할아버지의 교육수준은 괴테의 어머니, 카타리나를 훨씬 능가한다. 그러므로 아이에게 말로 하거나 책을 읽어서 하거나 이야기를 들려주는 데는 아주 좋은 조건을 갖춘 셈이다.

부모들이 아이들에게 해주는 이야기하기는 가족이 일상으로 함께 생활하면서 자연스럽게 시간을 내어 하는 것이다. 이때 훌륭한 작가들의 좋은 작품을 사용한다면 부모는 그 좋은 작품의 콘텐츠를 가지고 아이들과 따듯하고 즐거운 시간을 보내는 것이다. 그러는 동안 부모와 아이, 책은 하나로 엮어진다. 말주변이 없는 부모들도 걱정할 필요가 없다. 좋은 그림책을 매개로 읽어주기를 하면 된다. 특히 태어나기 1, 2개월 전부터 학교에 가기 전 그리고 그 이후 초등학생에게도 읽어주기는 아주 중요한 이야기해주기의 한 변형이다.

동화구연가들이 문화센터나 개인기관에서 동화를 소재로 일정 수의 아이들에게 수업을 하는 경우가 많이 있다. 이때 수업은 학교의 국어수업과 비슷한 면이 있지만 음악, 미술, 과학, 수학 등 동화의 내용과 연관하여 여러 가지 활동을 한다. 일종의 통합교과적 수업으로 진행되는 것이다. 이런 수업에서 동화구연가인 교사는 대개 읽어주기를 한다.

동화구연가도 악기연주자나 성악가처럼 자기 레퍼토리가 있어서 그 레퍼토리 외의 모든 작품을 충분히 연습하여 매번 연기하는 것이 어렵기 때문에 자연히 읽어주기의 형태를 취하게 된다.

이 때의 읽어주기는 그냥 글자만 줄줄 읽어 내려가는 읽어주기가 아닌 것은 물론이다. 책을 가지고 읽어주되 마치 작은 쪽지에 메모한 것을 흘끔흘끔 보듯이 책 페이지를 보면서 목소리와 표정과 몸짓 등은 그대로 구연하는 읽어주기로 진행한다.

그래서 동화수업은 일반학교의 국어시간과 달리 동화구연가가 담당하는 것이다. 그러나 여기서 주목하려는 것은 이런 전문가의 수업에서도 읽어주기를 한다는 것이다.

아이들에게 세상을 사는 동안 일어나는, 또는 일어날 수 있는 일들을 이야기해주어서 아이들이 이 이야기를 거울삼아 훌륭하게 성장한다면 모든 부모들이 이 일을 하고 싶을 것이다. 동화구연가나 이야기꾼의 경지에 이르면 좋겠지만 그렇지 못하더라도 *케임브리지 영어사전*의 풀이대로 최소한 말로 하거나 읽어주는 사람으로서의 스토리텔러가 되고 싶을 것이다.

실로 모든 부모는 읽어주기를 할 수 있다. 하지 않는 것이

문제일 뿐, 하겠다는 생각이 있고 여건이 된다면 모두 할 수 있는 것이다. 아이들을 위해 이야기해주기, 읽어주기를 하자는 것이 이 책의 주장이고, 그 방법을 가능한 한 적중하도록, 그리고 부모들에게 도움이 되는 최선의 내용을 제공하는 것이 이 책의 목적이다.

2

왜 이야기해주기,
읽어주기를 해야 하는가?

나는 아이들 교육을 위해 이야기하기나 읽어주기를 해야 한다고 강력히 주장한다. 이야기하기나 읽어주기의 여러 가지 구체적인 이점들을 열거해 보면 아이가 어렸을 때 특히 이야기해주기와 읽어주기가 필요하다는 생각을 하지 않을 수 없다. 이 장에서 이 이야기해주기와 읽어주기가 기본적 삶의 도구인 말과 글을 잘 익히는 방법으로 필요하다는 취지를 기술하려고 한다.

세상과 통하는 길 : 말과 글

말과 글은 세상으로 통하는 길이다. 아이들에게 그 길을 활짝 열어주어야 한다. 아이는 세상에 태어나고 세상은 아이가 살아갈 곳이므로 이 세상에서 사는 법을 배우는 것이 아기의 첫 번째 당면 문제이다. 이 당면 문제를 풀어가는 데 말이 필요하다.

사람에게는 배움과 삶이 따로 있는 것이 아니고 배우면서 살고 살면서 배운다. 갓 태어난 아기는 배우는 방법도 사는 방법도 모르나 무엇을 어떻게 먹고 무엇을 어떻게 입는 것인지 또 어디서 어떻게 자는 것인지를 배우면서 동시에 의사소통 도구로 말을 터득한다. 말은 삶을 배우는 강력한 도구이다.

어른이 사는 것도 따져보면 의사소통 도구로 말과 글을 유능하게 사용하는 것이 더 잘 사는 방법의 하나이다. 아무리 영상문화가 확산되고 소통의 도구로 큰 역할을 하더라도 말과 글은 그 이전에 기본으로 존재한다. 사람의 사회가 말과 글과 그림에 의존해서 움직인다고 할 때 말과 글은 변함없이 그 중요한 자리에 있을 것이다. 아마도 영원히 그럴 것이다.

우리는 아기에게 삶을 배우는 도구로 말을 가르치고 아기가 커가면 점차로 말을 담아두는 도구로 글도 가르친다. 그렇다. 우리 부모는 아이가 훌륭하게 살 수 있는 기본적인 도구를 쥐어주어야 하므로 우선 말을 가르치고 또 글을 가르치는 것이다.

말을 가르친다

이야기하기, 읽어주기는 언어를 사용한다. 이 언어를 구사하는 능력이 어떠하냐에 따라 유능한 인물로 인정되느냐 아니냐가 결정된다고 해도 과언이 아니다. 들어서 이해하고 읽고 말하고 쓰는 일이 그만큼 생활에 큰 비중을 차지한다.

일반적으로 아이들에게 말과 글을 가르치는 것이 중요하다는 것을 알고 있고 그것은 학교에서 충분히 해줄 것으로 생각한다. 그러나 그렇지가 않다. 부모의 역할이 아주 중요하다. 말과 글을 사용하는 능력의 상당부분은 부모가 가정에서 만들어주는 것이다. 그 중에서도 이야기해주기, 읽어주기는 어휘력, 듣기능력 향상에 도움을 준다. 언어능력 훈련의 우선순위는 듣기과정, 즉 말의 의미를 알아듣는 것이 먼저 할 일이다.

아기 주변 사람들이 아기를 들여다보며 '엄마, 아빠' 하고 소리 내어 말한다. 아기가 듣고 따라할 수 있게 반복해서 들려주는 것이다. 처음에 얼마 동안은 아기가 '엄마'를 무턱대고 따라하다가 여러 가지 정황으로 미루어 "아, 이 사람, 나를 가장 예뻐하는 이 사람을 엄마라고 하는구나."라고 감지하고 배운다. 그 후 아기가 얼마나 많이 '엄마'를 불렀을까?

이 '엄마'라는 말은 한글로 어머니, 한자로 母, 영어로 mother라고 적지만 이 단어를 입으로 부르는 음성 속에는 사람마다 사무치는 정서와 못 다한 마음의 애정과 한이 서려 있다. 어머니, 母, mother라는 글자는 단순한 단어가 아니라 의미가 담겨진 단어이다.

나는 교통이 편리한 영풍문고 강남점에 자주 간다. 아동도서 코너에는 앉아서 책 읽는 자리도 있어서 이 부근은 언제나 아이와 어른이 바글거린다. 하루는 그 서점에 들러서 아이들 책을 검토하고 있었는데, 어떤 젊은 엄마가 내 옆에서 그림책을 아이에게 읽게 하고 틀리게 읽으면 고쳐주면서 가르치고 있었다. 내가 "애기야, 너 몇 살이니? 아주 책을 잘 읽네." 하니까 아이가 손가락 네 개를 펴보였다. "어머, 네 살밖에 안 됐는데 글을 다 아는구나!" 하고 감탄의 말을 하니, 옆에서 그 아이 엄마가 "만으로는 3살하고 2개월이에요." 한다.

요즈음 이런 아이들이 종종 있어서 그렇게 놀랍지도 않다. 우리 한글은 세계에서 으뜸 가는 과학적이고 익히기 쉬운 민주적인 글로 인정되고 있다는 사실이 이런 장면에서 실감될 뿐이다. 문제는 글을 읽을 줄 알지만 무슨 말인지 모르는 아이들이 많다는 것이다.

글은 말을 담는 그릇이다. 그래서 글을 아는 것은 말의 의미를 아는 것이어야 한다. 글자를 맞게 발음하여 읽을 수 있다는 것만으로는 글을 아는 것이 아니다. 영어를 배울 때 발음기호의 법칙을 익혀서 정확하게 읽을 줄 알지만 그 문장이 무슨 뜻인지 모르면 영어를 아는 것이 아닌 것과 마찬가지이다.

아이가 글을 익히게 하려면 말의 의미를 터득하게 해야 한다. 말의 의미를 가르치기 가장 좋은 방법이 이야기해주기, 읽어주기이다.

아주 어린아이들이 말을 잘하는 것을 종종 본다. 이런 아이들은 남의 말을 듣고 이해하고 의미를 파악하는 훈련이 잘 된 아이들이다. 유치원이나 어린이집에 다니지 않고, 형제가 없이 말을 연습할 기회가 많지 않은 외동이로 자란 아이라도 부모가 책을 많이 읽어준 아이는 말 배우는 것이 빠르다. 이런 아이는 많이 들어서 어휘가 익숙하고 세련된 말을 수없이 많이 접하여 흉내 내는 것이 자연스럽다.

두 살 또는 세 살박이 아기가 말을 배우는 과정을 관찰해 보면 언어훈련에서 듣기훈련이 얼마나 큰 역할을 하는지 알 수 있다. 어떤 할머니가 손주 자랑을 하면서 "이 애가 말은 못해도 다 알아들어요."라고 말한다. 맞는 말이다. 그 할머니의 손주는 한두 달 후부터는 말을 하기 시작하는데 그 말을 배우는 속도가 놀랄 만큼 빨라서 그 아이의 엄마는 자기 아이가 혹시 천재가 아닌가 하고 좋아할 정도가 된다. 왜냐하면 그 아이는 이미 들어서 의미를 다 알고 있기 때문에 발음이 되기 시작하면 말이 거침없이 나온다.

학생들이 영어를 배울 때 이어폰을 귀에 꽂고 다니면서 영어 방송을 듣게 하는 교사들이 있다. 의미를 알아듣고 아니고에 상관하지 않고 6개월 또는 1년을 그렇게 하면 조금씩 알아듣게 되고 점차 듣기에 익숙해진다. 그 다음부터는 그렇게 듣기연습을 하지 않았을 때보다 읽기는 물론 말하기, 쓰기가 훨씬 수월하다는 것이다. 외국어를 가르치는 방법으로 아기들이 말을 배우는 자연의 원리를 적용한 것이다. 성과가 좋을 수밖에 없다.

이야기해주기, 읽어주기는 언어능력의 훈련, 그 중에서도 읽기, 말하기, 쓰기를 본격적으로 하기 전, 말 못하는 아기 적부터 듣기를 훈련하여 후에 총체적 언어발달의 기초를 닦는 일이라고 할 수 있다.

어린아이의 머릿속은 아주 깨끗하여 백지에 선 하나를 그으면 선명하듯이 어떤 정보가 들어가도 선명하게 기록된다. 아이들은 복잡한 정보가 잡다하게 들어 있는 어른의 머릿속과 달리 그 선명하게 기록된 정보를 기억해내는 것도 쉽다. 이렇게 기억력이 좋으므로 글자 모양을 보고 어떻게 읽는 것인지 기억해서 글자를 읽는 것은 비교적 짧은 시간에 배울 수 있다.

그러나 단어의 의미를 배우는 것은 그런 것이 아니고 우리가 태어나서부터 수없이 많이 엄마, 어머니를 불렀고 경험했고 그 의미를 가슴과 머리에 담아두었기에 그 단어의 의미를 알고 있듯이 말의 의미를 안다는 것은 그 말을 적은 글자를 읽을 수 있다는 것만이 아니다.

그뿐 아니라 말의 의미를 안다는 것은 사전의 항목 설명을 읽고 외워서 아는 것과도 다르다. 옛날에는 영어를 공부하는 학생이 얇은 사전을 끼고 다니면서 통째로 사전을 외우는 공부벌레도 있었는데 그 학생이 미국 사람과 말이 통하지 않았다. 물론 영어 단어를 많이 아는 것은 영어를 하는 데 도움은 되지만 최종적 결과가 미국 사람과 말이 통하지 않는다는 것은 실패나 다름없는 것이다.

이와 마찬가지로 아이들이 낱개의 단어의 뜻을 많이 아는 것은 도움은 되지만 최종적으로 남의 말을 알아듣고 그 말에 맞는 응답을 하고 자신의 의견을 개진하는 가장 빠르고 정확한 길은 아니다. 그러면 무엇이 가장 빠르고 정확한 방법인가?

필자는 한때 손녀딸이 2살이 채 못 되었을 때 채인선의 *오리새끼 열두 마리는 너무 많아*라는 그림책을 여러 번 반복해서 읽어 준 일이 있다. 그 애가 우연히 목욕통 속에 플라스틱 장난감을 많이 띄워놓고 놀게 되었다. 그때 손녀는 난데없이 "장난감이 너무 많아. 장난감이 너무 많아." 하면서 자신이 하는 말을 즐기고 있었다. 많이 들으면 어휘가 발달하고 그 어휘의 용도까지 정확하게 파악하는 것이다.

'오리새끼 열두 마리는 너무 많아'의 "너무 많아"를 장난감에 붙여서 '장난감이 너무 많아,' '장난감이 너무 많아' 하며 큰소리로 말할 수 있다는 것이 2살짜리 자신도 신기하고 즐거운 것이다. 말의 뜻을 알고 어떤 경우에 사용하는지도 알기 때문에 지금 당장 이야기해주기나 읽어주기에서 배운 말을 응용하여 쓸 수 있는 것이다.

이야기해주기, 읽어주기는 단어가 나타내는 의미를 전체 문장의 경우 경우에서 보여준다. 아이에게 지속적으로 이야기를 해주면 또 읽어주면 아이는 어떤 단어 또는 말을, 세상에 태어나서 '엄마' 소리를 듣고 말하는 것처럼 수없이 들을 것이고, 이야기의 경우 경우에 따라 그 단어나 말이 어떻게 쓰이는지 경험할 것이다. 이러한 경험을 통해서 그 단어나 말은 개념으로 또는 정서로 아이의 머리와 마음에 심어진다. 사람들이 '어머니'라는 말을 단순한 글자의 모임으로가 아닌 어떤 의미심장한 내용으로 이해하고 느끼듯이 그렇게 되는 것이다. 그렇게 해서 익숙해진 말이 학년이 높아지고 대학생이 되었을 때 작품을 읽고 과학을 공부하는 사람이 될 수 있게 하는 것이다.

이야기해주기, 읽어주기는 말을 가르친다. 말을 가르치는 데에 이보다 더 나은 방법이 없다.

말의 의미를 파악하는 배경지식을 가르친다

우리가 아이들에게 이야기로 들려주는 또는 읽어주는 이야기의 내용에는 여러 가지 상식에 속하는 지식이 포함되어 있기도 하고 전문적인 지식이 들어 있기도 하다. 이런 지식들은 아이가 다른 이야기를 듣거나 글을 읽게 될 때 의미를 쉽게 빨리 이해하고 파악하는 기초가 된다.

다음의 이야기는 아이가 사람의 몸의 병에 관한 책을 읽거나 공부할 때 크게 도움이 될 것이다.

초등학교에 다니는 예지는 할아버지 가슴에 쭉 절개한 상처가 있고 그 상처를 철사로 묶어놓은 것을 보게 되었다.

"할아버지 왜 가슴을 철사로 찍어놨어요?"

손녀의 질문에 할아버지는 사연을 이야기해주었다.

"사람은 몸 전체에 피가 통하는데 피는 핏줄을 타고 온몸으로 다니면서 양분을 나르는 일을 한단다. 심장으로 가는 핏줄도 굵은 것이 3개나 있어요. 할아버지도 심장으로 가는 핏줄이 3개가 있는데 그것이 모두 막혀서 피가 통하지 않는다는 것을 의사 선생님이 알아냈지. 많이 막힌 것은 뚫는 것이 아주 어렵기 때문에 다리와 팔에서 막히지 않은 핏줄을 떼어내어 심장에 달아주는 수술을 했어요. 할아버지 가슴에 상처는 그 수술을 하느라고 가슴을 갈랐다가 다시 붙인 것이란다.

많이 갈랐으니까 잘 붙으라고 철사로 묶어서 꼭 붙게 한 것이지. 이런 수술을 관상동맥 우회술이라고 한단다. 알겠니?"

할아버지는 사람의 심장에 핏줄이 얼기설기 그려진 그림을 책에서 찾아 보여주면서 왜 그런 수술을 하게 되었는지, 병원에 흉부외과, 심장내과라는 전문부서가 있고 관상동맥 전문 의사 선생님은 어떤 병을 고치는 의사인지 등의 꽤 전문적인 이야기를 들려주었다. 또 이런 병이 걸리지 않으려면 어떻게 해야 하는지에 대해서도 길게 설명하였다. 이런 이야기를 듣지 못한 아이는 이야기에 나오는 용어를 모를 것이고 심장에 걸리는 병에 대한 지식이 없을 것이다.

이야기에는 역사, 지리, 수학, 과학과 같은 모든 교과공부에 나오는 지식이 생활과 연결되어 등장한다.

실로 더 많은 경우에 이야기에서 얻는 지식은 단편적 낱개의 지식만이 아니라 삶을 경영하는 지식 또는 지혜이다. 이런 옛이야기가 있다. 이 이야기에서 아이들은 무엇을 얻을 수 있겠는가?

◇ ◇ ◇ ◇ ◇

옛날에 어떤 젊은 부인이 살았는데 그 부인에게는 고민이 하나 있었어요. 그 고민은 구름 없는 밤 달빛처럼 선명한 것이지만 해결 방법은 저 하늘에 걸린 달처럼 멀었어요.

어느 날, 사람들 소문에 듣기를 어디어디 깊은 산속에 가면 현자가 있는데 그 사람이 비방의 약을 만든다고 했어요. 젊은 부인이 현자를 찾아 나섰어요. 그리고 드디어 깊은 산속에 커다란 나무 밑에 앉아 있는 그를 만났어요. 아주 늙은 사람이어서 이 젊은 부인의 할아버지뻘은 될 것 같았어요. 이 노인의 눈빛을 보니 젊은 부인이 찾고 있는 바로 그 현자가 틀림없다는 생각을 하게 되었어요.

"안녕하세요? 할아버지. 고민이 하나 있어서 할아버지를 찾아왔는데요. 제가 소문에 들은 그 현자가 아니신가요? 비방의 약을 만들어주신다고 하는? 제게 돈이 조금 있는데 비방약을 좀 만들어주시면 돈을 내겠어요."

노인은 한동안 말이 없이 젊은 부인을 바라보기만 했어요. 노인이 입을 열었을 때는 부인은 불안하기 시작했어요.

"그래서 마을 사람들이 내가 비방약을 만든다고 말했다는 거지? 목 아픈 것이 낫는 비방약. 그래, 그것은 내가 만들 수 있지. 나는 이곳 나무숲의 비밀을 많이 알지. 아기 낳는 약? 아마 그것도 할 수 있겠지. 비가 오게 하는 약? 그건 안 돼. 그런 건 아무도 못 하는 거야. 이봐요. 나는 이 숲을 잘 알아요. 그러나 사람들이 말한 그 약이 마술이라고 믿는다면 나는 도울 수가 없어. 걱정은 말아요. 내가 너무 말을 많이 했나! 말해보시오. 비방약으로 고칠 수 있는 고민이 무엇이오?"

"남편이에요. 삼년 전에 남편은 전쟁에 나갔어요. 돌아온 후부터는 이전의 남편이 아니에요. 남편은 점잖았는데 지금은 내게 거칠게 말하고 음식을 차려놓으면 밀어버려요. 어떤 때는 밭에 나가 일하다가 먼데를 멍청히 바라보며 아무 것도 하지 않아요. 남편은 나를 쳐다보지도 않고. 전에는 전혀 그렇지 않았었는데."

"그래, 전쟁에 갔다 돌아온 남자들에게 종종 그런 일이 있어요. 그런데 내 질문에는 답을 하지 않았지 않나? 그래 자네가 구하는 비방약은 어떤 건가?"

"남편이 예전처럼 되었으면 좋겠어요."

"아, 그것이 자네가 원하는 약이었군."

현자는 잠시 생각하더니 말했어요.

"내 생각해볼 테니 3일 후에 다시 오게."

3일 후에 젊은 부인이 다시 산속으로 달려갔어요. 현자는 저번과 같은 나무 밑에 앉아 있었어요.

"할아버지, 약을 만드셨나요? 약이 있어요?"

젊은 부인은 숨이 차서 급하게 물었어요.

"많이 생각해봤는데, 그 약은 중요한 것 하나가 있어야 해. 그것을 자네가 내게 가져와야 하네. 살아 있는 호랑이의 수염을 가져오면 자네는 비방약을 갖게 될 게야."

"뭐라구요? 살아 있는 호랑이의 수염? 그것을 내가 어떻게 구해요?"

그 산속의 현자는 더 이상 말하기를 거절했어요. 그래서 할 수 없이, 그 젊은 부인은 천천히 산을 내려왔대요.

근처에 호랑이가 산다는 것은 마을 사람들도 부인도 잘 알지만 모두 호랑이가 출몰하는 곳에서 멀리 떨어져 살았고 호랑이도 사람들 가까이 오지 않았어요. 그러나 그날 밤 남편이 잠든 사이 집을 빠져나와 호랑이가 있다고 하는 굴 근처로 갔어요. 호랑이는 볼 수 없었지만 부인은 호랑이가 거기 굴속에 있다고 생각하고 말했어요.

"호랑아, 내게 고민이 있는데 이 세상에서 너만이 나를 도울 수 있다. 내가 너를 해치려는 것이 아니야. 매일 밤 너를 보러 오려고 해."

부인은 호랑이에게 누누이 길게 이야기를 하고 노래를 불러주고 집으로 갔어요. 부인은 다음날도 그 다음날도, 매일 밤 한 달 내내 호랑이 굴 근처에 와서 이야기하고 노래하고 돌아갔어요.

두 번째 달이 시작되는 날에는 호랑이가 사는 곳에 좀 더 가까이 갔어요. 드디어 호랑이의 눈에 비치는 달빛에 호랑이가 거기 있음을 알았어요.

"호랑아, 나야. 내가 무기를 갖지 않았다는 것을 알지? 나는 너를 해치려는 것이 아니야."

젊은 부인은 호랑이에게 이런 뜻을 누누이 길게 말했어요. 그리고 노래를 들려주고 집으로 돌아갔어요. 부인은 다음날도 그 다음날도, 매일 밤 한 달 내내 호랑이가 사는 곳에 와서 이야기하고 노래하고 돌아갔어요.

세 번째 달이 시작되는 날에 그 젊은 부인은 커다란 나무 함지박에 집에서 먹다 남은 음식을 가득 담아가지고 갔어요.

"호랑아, 내가 너를 위해 작은 선물을 가져왔다. 맛있는지 먹어보렴."

부인은 나무 함지박을 호랑이 가까이 땅에 내려놓고 물러나서 호랑이가 먹는 것을 지켜보았어요. 부인은 다음날도 그 다음날도, 매일 밤 한 달 내내 호랑이가 사는 곳에 음식이 담긴 함지박을 놓고 물러나서 호랑이가 먹는 것을 지켜보았어요.

네 번째 달이 시작되는 날에 그 젊은 부인은 나무 함지박의 음식을 두 손 가득 집어서 호랑이 입에 가까이 가져갔어요.

"호랑아, 가까이 와서 내가 집어주는 음식을 먹어봐."

호랑이가 가까이 와서 음식을 받아먹었어요. 커다란 혓바닥으로 음식을 핥고 커다란 이빨로 씹는 것을 눈앞에서 보았어요. 그래도 호랑이는 해치지 않았어요. 그 부인은 다음날도 또 그 다음날도 매일 밤 한 달 내내 호랑이에게 음식을 먹여주었어요.

다섯 번째 달이 시작되는 날에 호랑이가 음식을 다 먹었을 때 그 젊은 부인이 말했어요.

"호랑아 네 털이 어쩌면 이렇게 부드러우냐. 좀 쓸어주어도 되겠지?"

부인은 호랑이의 두 귀 사이에 손을 대고 부드럽게 쓸어주었어요. 호랑이는 목구멍으로 그르렁 그르렁하는 소리를 냈어요. 그 부인은 다음날도 또 그 다음날도 매일 밤 한 달 내내 호랑이에게 음식을 먹여주고 털을 쓸어주었어요.

여섯 번째 달이 시작되는 날에 그 젊은 부인은 말했어요.

"호랑아, 다섯 달 동안 너를 보러 왔다. 너에게 말을 하고 너에게 노래를 들려주고 음식을 주었지. 그리고 네 털을 쓸어주었다. 이제 난 너에게서 얻을 것이 있어. 네 수염 하나만 있으면 돼. 약속하지만 내가 너를 해치려는 것이 아니야."

그리고는 재빨리 호랑이의 턱수염 하나를 뽑았어요. 호랑이는 전혀 아랑곳하지 않았대요.

다음날 젊은 부인은 호랑이의 수염을 손에 쥐고 서둘러서 산속의 현자를 만나러 갔어요. 때는 겨울이어서 이번에는 그 노인이 작은 오두막 앞에 모닥불을 피우고 앉아 있었어요.

"호랑이 수염을 가져왔어요. 여기요."

노인은 호랑이 수염을 집어 들고 찬찬히 살피더니 물었어요.

"어떻게 이 수염을 얻었나?"

"한 달 내내 호랑이가 사는 곳에 갔었는데 호랑이를 볼 수 없었어요. 그렇지만 호랑이에게 말하고 노래를 들려줬어요. 다음 달에는 좀 더 가까이 가서 호랑이를 볼 수 있었어요. 말도 하고 노래도 들려줬어요. 세 번째 달에는 음식을 가져다가 호랑이 앞에 놓아주었어요. 네 번째 달에는 음식을 가져다가 손으로 집어서 먹여주었어요. 다섯 번째 달에는 호랑이가 음식을 다 먹은 후에 호랑이 털을 쓸어주었어요. 그리고 바로 어제 할아버지가 약을 만드는데 필요한 호랑이 수염을 뽑아왔어요."

"오- 그랬나?"

노인은 짧게 말하고는 그 호랑이 수염을 모닥불 속에 던져버렸어요.

"할아버지, 어떻게 된 거죠? 다섯 달 동안 비방약을 얻기 위해 호랑이 수염을 얻으려고 고생했어요. 그런데 그것을 불 속에 던져버리다니!"

"말해보시오. 호랑이와 남편 중에 어느 편이 더 사나운가. 자네는 호랑이 수염이 필요 없소. 이미 그 약은 가지고 있으니까."

그날 밤 하늘에는 둥근 보름달이 환했어요. 가까이 비추는 달빛 아래 그 젊은 부인은 그 답이 무엇인지 어렴풋이 알았답니다.

글을 깨우쳐서 의사소통의 차원을 높인다

문명사회가 되면서부터 글이 중요한 도구로 쓰이기 시작했다. 글을 사용할 줄 안다는 것은 사람의 생각이나 아이디어를 멀리까지 보내서 다른 사람들에게 전할 수 있고 오랫동안 보관하여 다른 시대 사람들에게 전달할 수 있음을 뜻한다. 그 생각이나 아이디어를 전달받은 사람들은 그들의 문명, 문화 속에 전달받은 생각이나 아이디어를 삽입하여 더 나은 문명과 문화를 누리게 된다.

개인도 글을 자유자재로 사용할 수 있는 사람이 좋은 입지에 서게 된다. 대학을 졸업하게 된 어떤 학생이 취직을 하는데 자기소개서를 제출하게 되었다. 이 학생이 입사하여 알고 보니 다른 조건은 다른 지원자와 비슷했으나 자기소개서가 설득력이 있어서 채용되었다는 것을 알게 되었다고 한다.

입학시험에 필요한 논술쓰기의 대단한 유행도 언젠가는 수그러들겠지만 그래도 역시 글쓰기에 자유로운 학생이 유리한 자리에 서게 되는 것은 예나 지금이나 또 앞으로도 마찬가지일 것이다. 글쓰기에 자유로우려면 우선 글자를 알아야 함은 당연하다.

예전에는 초등학교에 입학하여 그때부터 한글을 배웠으나 지금은 학교에 가기 전에 글을 읽을 준비가 되었거나 이미 글을 읽는 아이들이 많이 있다. 글자를 아는 아이들이 더 많은 교실에서는 자연히 공부의 진도가 빨라서 읽을 준비가 되어 있지 않은 아이들은 고전하게 된다. 부모들은 자기 아이가 이렇게 되지 않게 하려고 초등학교 입학 전 얼마 동안은 한글 공부를 시키는 경우도 있다고 들었다.

교과 내용을 공부하려면 우선 글자를 읽을 수 있어야 한다. 글자를 알면서 글이 의미하는 뜻을 모른다면 문제이지만, 읽어주기나 이야기 들려주기로 훈련된 아이들은 글자를 읽으면 이미 그 글자로 된 글의 의미를 알기 때문에 문제가 없다.

학교 공부를 하려면 말을 알아듣고 그 의미를 이해하는 훈련이 필요한 동시에 그 말을 글로 적었을 때 그 글도 읽을 수 있어야 한다. 글자 공부도 필요한 것이다. 읽어주기는 놀이삼아 글자 공부를 하는 좋은 방법이다.

어린아이들에게 읽어주기를 할 때 아기라면 무릎에 앉히거나 무릎에 앉히기 어려우면 의자에 나란히 앉아 그림을 보면서 읽어준다. 읽을 때 가끔 손가락으로 글자를 짚어가면서 읽어주기도 한다. 이런 일이 반복되면 아이는 그 글자들을 어떻게 읽는지 알게 된다. 일삼아 글자를 배우는 것은 노동이지만 아이는 읽어주는 이야기를 들으면서 재미있게 글자를 알게 된다.

똘똘이 엄마는 똘똘이가 태어나자마자부터 그렇게 했다. 똘똘이는 아빠가 운전하는 자동차를 타고 마트에 갈 때면 옆에 앉은 엄마와 간판 읽기를 했다. 엄마가 책을 읽어줄 때 책에서 보았던 글자를 신작로 양편에 걸린 간판에서 발견하면 그렇게 좋아했다.

"엄마, 저기 '수'자 있네."

아이가 큰 발견을 하고 소리쳤다. 이어서 엄마가 대답했다.

"어머 정말! '수'자가 있네. 똘똘아. 그 앞에 글자는 '국'이야. 그러면 두 글자 다 읽으려면 어떻게 읽지? 똘똘이가 읽어봐. 엄마는 잘 모르겠는데."

"엄마는 왜 그것도 몰라? '국수'잖아. 우리 마트에 가서 국수 사자. 응?"

마트에 가서 상품 종류를 적어 걸어 놓은 표지를 보고 국수가 어느 골목에 있는지 찾아보라고 했더니 똘똘이는 냉큼 가서 국수 한 뭉치를 들고 오며 신이 나서 좋아하였다.

아이들은 읽어주기를 시작할 때 책을 거꾸로 들고 읽어 주려고 하면 질색을 하며 잘못되었다고 수정해준다. 그러한 지적을 할 수 있는 것이 아이에게는 큰 즐거움이다. 보통 아이들의 그림책은 왼쪽에서 오른쪽으로 책 페이지를 옮기면서 읽게 되어 있는데 일부러 이야기가 끝나는 페이지를 펼치고 읽어주기를 시작하려고 하는 것도 아이가 책을 가지고 노는 재미를 느끼게 하는 방법이다.

책도 일종의 장난감으로 생각한다. 그러나 어떤 장난감이나 마찬가지로 소중하게 다루어야 하는 장난감인 것이다. 그렇게 하는 동안 수없이 많이 읽어주게 되며 아이는 글자를 저절로 깨치게 된다.

이야기해주기, 읽어주기를 해야 하는 이유는 많이 있다. 그 중에 가장 직접적이고 우선하는 이유가 어린아이에게 말과 글을 가장 재미있고 쉽게 가르치고 그리고 글을 좋아하는 성향까지도 길들이게 하는 방법이라는 것이다.

말과 글은 세상으로 통하는 문이며 말을 담는 그릇이 글이다. 이 말과 글을 사용하는 데 거침없고 자유로우면 세상을 이기고 세상을 돕는 괜찮은 사람이 될 수 있다. 부모된 사람들은 아이들이 늦지 않게 이 길로 갈 수 있도록 잘 잡아주어야 할 것이다.

그래서 말을 가르치고, 말을 잘 알아듣는 데 필요한 지식을 넓혀주고 글을 가르쳐서 이 말의 뜻을 글로도 자유롭게 알아듣고 표현할 수 있게 하는 것이 필요하다. 이 일을 하는 가장 좋은 방법이 어린아이들에게 이야기를 들려주는 것과 책을 읽어주는 것이다.

우리 아이들의 튼튼한 삶을 위하여

한편 부모가 아이들에게 바라는 것은 말이나 글을 통해 세상을 읽어서 알게 하는 것만이 아니다. 부모는 아이들의 삶이 무엇을 향해 어떻게 조형되더라도 바람직하고 남부럽지 않기를 바란다. 어떤 종류의 인간이 되는가 하는 것은 아이들의 선택의 문제이나 어떤 선택을 하더라도 인간답게 되기를 바랄 것이다.

이야기하기나 읽어주기는 장차 우리 아이들이 그들 스스로 생각해도 그렇고 부모인 우리가 생각해도 괜찮은 삶을 살아가게 하는 데 도움을 준다. 가정에서 아이들을 가르치는 가장 좋은 방법이기 때문이다.

앞으로의 세대에서 추천되는 사람은 도덕적이고 윤리적인 인간이라고 말한 사람이 있는데(문용린, 2007) 특히 우리나라의 지금의 징후로 보아 딱 들어맞는 예언처럼 들린다. 여기서 그렇게 말하는 사람들의 이론을 길게 설명할 필요는 없을 것 같다. 시대가 도덕적 인간을 요구한다고 해서라기보다 부모는 원래 자식이 건전한 사람으로 성숙하기를 바라는 사람들이다. 이야기해주기나 읽어주기는 학교에서 다하지 못하는 인간 조형의 힘을 발휘한다.

보통은 자식을 가진 부모들은 아이들이 그저 잘되기를 바란다. 어떤 부모들은 아이가 잘되기를 바란다는 것의 내용이 무엇인가 확실하게 인식한다. '내 아이는 장차 이러 이러한 인물로 성공해야 해'라고 단언하고 그런 인물로 기르기 위해 노력한다. 노력의 결과로 큰 열매를 거두기도 한다.

그러나 교육이란 수많은 변수가 작용하여 되어지는 것이다. 온실의 화초는 제한된 조건만 충족해주면 키우려고 하는 대로 키울 수 있겠지만 사람은 그렇지가 않다.

사람은 온실이 아니라 넓은 세상에 놓여 살아가게 된다. 부모가 자식이 살아갈 세상을 아이에 맞게 조정해줄 수 없다. 그런 종류의 능력이 있다면 재산을 넘겨주는 것이 고작일 것이다. 재산을 넘겨주고 어느 정도 안심할 것인가? 임금의 자리를 자식에게 넘겨주는 왕이 편안하게 눈을 감지 못한 예가 얼마든지 있었다. 모두가 세상은 변수가 많기 때문에 그 변화에 대처하는 사람이 현명하지 못하면 허사가 되기 때문이다.

세상을 잘 이기고 성공적으로 살아갈 수 있는 자질의 현명한 인물, 이런 인물이 관심의 표적이다. 이야기해주기, 읽어주기는 아이가 이러한 인물로 자라는 데 영향을 준다.

판단력, 응용력을 훈련한다

현명하다는 것이 무엇인가? 현명하기 위해 갖추어야 하는 하나의 조건은 상황을 잘 판단하여 목적에 적용하는 것이다. 판단은 현상을 볼 줄 알고 그 현상의 앞과 뒤, 과거와 현재, 미래를 연결하여 생각할 수 있다는 것이다. 또 적용한다 함은 그 판단을, 최선이라고 생각하는 가치에 맞추어 사용 혹은 응용하는 것이다.

우리가 살아가는 동안 겪게 되는 현상은 비슷한 경우가 있기는 하지만 하나하나가 고유한 것이라고 해도 좋을 만큼 다변한 조건하에 놓인 것들이다. 이러한 상황에서 앞과 뒤, 과거와 현재, 미래를 연결하여 생각하는 것을 아이들에게 어떻게 가르쳐야 하는가? 또 어떻게 적용 또는 응용하는 법을 가르칠까? 하나의 혹은 몇 개의 공식으로 가르치는 것은 가능하지 않다.

늘 곁에 두고 살아가면서 아이가 겪게 되는 어떤 상황에

놓이게 될 때 아이가 어떻게 판단하는가를 보고 그 판단에 조언하고 아이는 그 조언을 듣고 자신의 판단을 수정할 수 있어야 좋은 것이다. 또 수정한 판단을 기초로 목적에 맞추어 행동하면 좋은 것이다.

그렇게 하자면 부모는 아이와 밀착되어 많은 시간을 공유하고 대화를 많이 할 수 있어야 한다. 요즈음처럼 부모나 아이가 모두 바쁜 세상에 시간을 공유하고 대화를 한다면, 그것은 일삼아 공동의 시간을 떼어내지 않으면 하기 힘들다.

그런 공동의 시간을 만들었다고 할 때 그 시간을 어떻게 할까? 아이에게 대뜸 무엇을 물을까? 학교에서, 유치원에서 어떻게 누구하고 놀았느냐고 묻는 것도 하루 이틀이지 매일매일 그런 질문을 할 수 없다. 그래서 편리한 시간을 아예 정해서 정기적으로 어떤 이야기를 들려주거나 책 읽어주기를 하여 그 내용을 소재로 대화의 시간을 갖고 자연스럽게 현실에서 겪는 문제로 옮아가면서 이야기를 나눈다.

세상의 이야기, 책에는 사람이 등장하고 그 사람들이 행한 행위와 사건, 그들의 생각이 들어 있다. 어떤 일을 어떻게 처리했으며 그 결과 어떻게 되었는가를 기술하고 있다.

아이들은 부모가 말해주는 또는 읽어주는 이야기를 들으며 즐거운 시간을 보내는 것은 물론 이야기에 또는 읽어주는 책에 나온 판단과 그 판단이 어떤 가치관에서 왔는지, 또 그러한 판단에 기초해서 후속으로 결행한 행위, 결과를 보게 된다.

아이는 자연히 이야기에 대해 의견을 가지게 된다. 들려준 이야기나 읽어준 책에 대한 아이 자신의 의견은 아이가 그의 내면을 드러내는 말이다. 가능하면 이와 같이 아이 자신을 들어내는 말을 많이 하도록 유도하고 경청한다. 부모는 아이를 이해하고 거기에 맞추어 친구처럼 조언할 수 있다. 이러한 순간순간이 아이의 판단력, 응용력을 훈련하는 시간이다.

세상 이야기는 수없이 많다. 훌륭한 저자의 책에는 훌륭한 생각과 삶이 가득하다. 그 이야기들에는 시간이 흐르고 공간이 이동되며 수많은 사건들이 얽혀져 있다. 아이들은 이야기 속에서 세상살이의 인과관계를 보게 된다. 어린아이도 이야기를 들으며 앞과 뒤를 연결하고 현재를 과거와 미래에 연결시켜 의미를 잡아낸다. 생각을 하게 되는 것이다.

다시 말하면, 어린 사람이 현명하게 자라려면 사물에 대해 스스로 판단하고 판단에 따라 목적에 맞게 적용하는 힘을 길러주어야 하는데, 그렇게 하는 가장 좋은 방법은 가정에서 아이와 정기적으로 이야기 시간, 또는 읽어주기 시간을 갖고 들려준 이야기를 주제로 대화를 하면서 아이가 생각하는 시간을 갖도록 하는 것이다.

이 대화 시간에 아이는 세상에서 일어나는 일들에서 사람들의 행위와 사건을 이야기하고 거기에서 무엇이 중요하며 어떻게 판단하고 응용해야 하는지를 훈련한다. 사물의 앞과 뒤, 과거와 현재, 미래를 연결해 생각하는 훈련을 하는 것이다. 이렇게 만들어진 생각하는 버릇이 창의력, 상상력을 높이는데 크게 공헌한다.

부모와 대화를 많이 하는 아이는 그렇지 않은 아이에 비하여 학교 성적이 좋다는 조사도 있다.(박중현. 2004.4.13. A12) 이 책에서 말하는 부모와의 대화는 우리 아이를 괜찮은 인간으로 키우는 방법으로의 대화이니 그 중요함은 두말할 필요가 없다.

최선의 가치관을 심어준다

현명하기 위해 상황을 판단하고 판단을 기초로 문제해결에 적용, 응용하는 능력이 중요하나 그 능력이 행사되는 목적은 최선의 가치관에 맞추어져 있어야 한다. 아이의 판단이 정확할지라도 그 판단을 기초로 해결을 시도할 때 올바른 가치관이 적용되지 않는다면 아이의 행위는 반사회적, 반윤리적일 수 있다. 반사회적, 반윤리적이 된다면 길게 봐서 그 아이에게도 해가 되는 것이다.

물질을 추구한다든지 권력을 추구한다든지 하는 가치관은 윤리적, 도덕적이 못된다. 이런 가치관은 다른 사람과의 경쟁을 초래하고 경쟁에서 이기는 것을 선으로 여긴다. 세상의 물질이나 권력은 제한되어 있으므로, 많은 사람들이 이것을 추구하다 보면 서로 간에 경쟁이 생기고 싸움이 벌어진다.

상황을 판단하니 내게 불리하다. 내게 유리하게 하려면 미안하지만 친구를 밀어내는 수밖에 없겠다. 이런 경우가 허다하다. 이런 경우 부모가 아이에게 어떤 이야기를 해야 하는가? 부모는 훌륭한 이야기를 찾아내어 화제로 삼고, 아이가 스스로 주체가 되어 어떻게 판단하는가, 어떻게 행동하는가 볼 일이다.

좋은 이야기, 아이가 맞닥뜨린 경우에 맞는 이야기에는 상황에 대한 판단과 그러한 판단에 이르게 하는 훌륭한 가치관이 있다. 이런 가치관은 다른 사람을 배려하고 그의 입장에 서 보는, 그래서 결국은 이타적이 되는 가치관이다. 이타적 정신세계를 추구하는 가치관은 경쟁을 일으키지 않고 협동을 유발한다. 또 검약과 근면을 추구하는 가치관은 제한된 자원의 소비를 부추기는 사회풍조를 제어하고 건전한 개인과 사회를 만드는 데 공헌할 것이다.

이야기를 들으며 또는 책을 읽으며, 크고 작은 일들을 겪는 동안 부모는 아이에게 인생의 최선의 가치관을 심어주고 바른 판단을 훈련시키게 된다. 그것이 아이를 위해 오늘 내일의 이득이 아니라, 그 아이의 긴 장래를 보는 이득을 위해서 가르치는 것이다.

자기조절능력 훈련의 기회를 제공한다

건전하고 바른 가치관을 가지고 판단하고 그것을 기초로 무엇을 하면 좋겠다는 것을 알 만한 사람도 실제로는 무능한 사람들이 많이 있다.

필자가 아는 어떤 사람은 상황판단을 정확하게 한다. 그 판단을 기초로 어떻게 행동하면 이롭고 어떻게 행동하면 이롭지 않다는 것을 안다. 그러나 나에게 이롭고 남에게도 이로운 것이 무엇인지 알면서도 대부분 그렇게 하지 못한다. 혹은 하지 않는다. 판단에 맞추어 행동하는 자기조절능력이 부족한 것이다.

사람은 나약한 존재이기 때문에 쉽고 편안한 일은 쉽게 익숙해지지만 어렵고 힘든 일은 익숙해지기 어려울 뿐만 아니라 본능적으로 기피하기 쉽다. 또 가장 가까이의 이익을 위해 행동한다. 그런데 어렵고 힘들더라도 해야 하는 것을 하고 지켜야 하는 것을 지키는 능력이 있는 사람이 훌륭한 사람이라는 것을 누구나 알고 있다.

쉬운 예로 아이스크림을 많이 먹으면 뚱보가 되기 쉽고 뚱보가 되면 아이라도 성인병에 걸릴 확률이 높다는 것을 잘 알면서 아이스크림을 계속해서 먹는 어린이, 청소년들이 있다. 자기조절능력이 부족한 것이다.

자기조절능력은 자제하는 능력뿐 아니라 진취적이고 적극적으로 무엇을 향해 열성과 힘을 쏟아 부어 앞으로 나아가는 능력도 의미한다.

똘똘이는 방학을 맞아 방학 중 생활계획표를 세웠는데 엄마가 검토해보니 계획표대로 하기에는 좀 빡빡하였다. 방학 동안 토끼를 책임지고 기르기로 하였는데 계획표 속에는 토끼를 돌보는 시간이 총 30분이 배정되었을 뿐이다.

똘똘이는 계획대로 실천하고 온 집안 식구들에게 약속한 토끼 기르기에 소홀하지 않기 위해 열심히 노력하였다. 계획표대로 다 끝내지 못해서 밤늦게 책상 앞에 앉아 졸고 있으면, 엄마가 오늘 못한 것은 내일 일찍 일어나 하면 되니 오늘은 자도록 하라고 해도, 찬물에 세수하고 돌아와 하던 것을 끝내곤 하였다.

아침 일찍 일어나 토끼 밥을 주고, 하루 한 차례씩 풀을 뜯어다가 토끼장에 넣어주고, 토끼 똥을 치워서 토끼장을 깨끗이 해주고, 토끼가 새끼를 낳게 되니 토끼가 새끼 날 때 어떻게 해야 하는지 미리 공부해 두었다.

똘똘이는 시간을 유용하게 사용해야겠다는 적극적인 생각을 하고 그렇게 행동으로 해보이는 아이다. 똘똘이의 자기조절능력은 자신이 하고자 하는 것을 향해 달려가고 있는 것이다.

자신을 스스로 제어하고 조절하여 행동하게 가르치는 것은 많은 부모들이 평생을 두고 해야 하는 일일 것이다. 부모와 아이가 같이 보내는 시간을 많이 가지고 아이가 닮고 싶어하는 인물에 대해 이야기해주고 그런 인물의 전기를 읽어줄 것이다.

또 닮고 싶어하는 인물이 그런 인물이 되기까지의 노력과 인내하는 생활을 귀에 못이 박히도록 들려주고 그렇게 시간을 낭비하지 않았을 때 그 대가가 오는 것임을 스스로 깨닫도록 한다. 그래서 그 태도가 아이의 생활 속에 자리 잡히도록 부모도 솔선수범해 보여야 한다고 생각한다.

어떤 아이는 '나도 저런 사람이 되고 싶다.'라는 꿈이 있으나 그 꿈은 단지 '그랬으면 좋겠다.'라는 생각일 뿐 현실의 생활과 연결시켜 생각하지 않았다. 그 아이의 아버지는 아이가 멋있다고 생각하는 인물, 작곡가들의 전기를 읽게 하고 아버지 자신도 읽었다. 아버지와 딸의 대화는 소재가 풍부하고 재미있게 진행되었다.

그리고 그즈음 아버지는 딸을 데리고 운동경기를 자주 관람

하였다. 나중에 털어놓은 말이지만 아버지의 의도는 딸에게 승부욕을 불러일으키기 위함이었다고 한다. 세상 모든 일의 승부란 운동장에서 시작해서 끝나는 것처럼 짧은 시간에 이루어지는 것이 아니다. 그러나 운동장에서 보는 승리는 짧은 시간에 판가름이 나고 그 판가름에서의 승리는 선수들이 그날 그날을 어떻게 보내는가를 극명하게 보여주는 현장이라고 생각한 것이다.

'작곡가는 참 멋있는 사람이야. 나도 작곡하는 사람이 되고 싶다.' 이렇게 생각만 하고 일상의 생활은 음악인이 되는 것과 아무 상관없는 일로 시간을 보내는 딸에게 아버지는 무엇인가 해야겠다고 생각했던 것이다. 읽게 하고 대화를 나누고 시간을 투자하도록 종용하고 친구가 되어준 것이다.

사람들은 기독교, 불교, 이슬람교 등 여러 가지 종교생활을 한다. 종교기관에 모이는 사람들을 몽매한 백성으로 생각하면 종교기관이란 일종의 교육기관의 의미를 갖는다. 목사님은 설교로, 신부님은 강론으로, 스님은 설법으로 교인들을 교육한다. 그 외의 종교기관의 프로그램도 교인을 가르치기 위한 목적을 담고 있다. 그것을 주기적으로 끊임없이 계속한다.

우리나라 기독교는 모든 교인에게 7일간 적어도 3번을 모이도록 요구하고 그 외에도 수없이 많은 종교적 모임을 갖는다. 아무도 교회에 예배가 없는 일요일을 보지 못했을 것이다. 이슬람교는 하루에 5번씩 그들의 성지를 향해 엎드려 절하도록 요구한다.

잊을래야 잊을 수 없게 반복과 되새김으로 다스린다. 절대로 교인들을 느슨하게 놓아두지 않는다. 훌륭한 교인일수록 부지런히 종교생활에 가담한다. 종교의 가르침이 편안하고 쉬운 것을 하라는 것이 아니므로 늘 일깨우고 채찍질해서 가르쳐야 하기 때문이다.

아이에게 자기조절능력을 키워줄 때도 이와 같이 한다면 좋은 성과를 볼 것이다. 게으름과 같은 부정적인 버릇을 억제하는 것뿐만 아니라 하고 싶은 것이나 해야 한다고 생각하는 것을 힘들더라도 추진해 나아가는 열성과 힘을 기르는 것도 종교기관들에서 하는 것과 같은 훈련의 방법이 최상이다.

매일매일 이야기 시간 또는 읽어주기 시간을 갖는다. 그리고 그 시간이 아이들에게 무엇을 억제하는 시간이 아니라 즐겁게, 열성과 힘을 촉진하는 시간으로 보낸다. 좋은 이야기를 소재로 하면 자연히 그렇게 된다. 부모와 아이는 당연히 행복해진다. 무엇보다 좋은 것은 아이가 이야기 속에서 본보기가 되는 생각과 행위를 보고 따르게 된다는 것이다.

3
이야기해주기, 읽어주기의 효과

나는 앞의 장에서 왜 이야기하기, 읽어주기를 해야 하는가하는 이유를 기술하였다. 이 이유들은 이야기하기, 읽어주기의 효과라고 말해도 과히 틀리지 않을 것이다. 그러나 그 이유들은 아주 근본적이고 중요한 생의 문제라고 생각되어 따로 장을 떼어내서 다루었다. 그러나 이번 3장에서 다루는 이야기하기, 읽어주기의 효과가 덜 중요하다거나 지엽적이라는 의미는 결코 아니다.

> 애들이 몇 살이오? 초등학생? 컴퓨터 앞에만 앉아 있지? 오늘부턴 아이한테, 30분만이라도 책을 읽어줘 봐요. 그리고 부모가 터득한 교훈들을 들려줘…….(류정. 2007.9.1. A12)

25년간 컴퓨터 회사를 경영했고 1996년 '두루넷'을 세워 초고속 인터넷을 퍼뜨린 이용태 전 삼보컴퓨터 회장의 말이다. 그는 *이야기로 키우는 인성 교육법*(2007)이라는 책까지 펴내고 컴퓨터가 아니라 인성, 도덕성을 갖춘 인재를 길러내려면 이야기를 들려주라고 말한다.

자신의 경험을 통해 이야기를 들려주는 것이 컴퓨터 중독증으로 점점 밀려들어가는 아이를 구해내는 길이며 동시에 인성, 도덕성을 갖춘 인간으로 만드는 길이라는 것을 절감한 사람이 하는 말이다. 이 말로 미루어 이야기 들려주기, 책 읽어주기는 인성, 도덕성 교육에 효과가 있음이 확실하다.

필자는 이야기하기를 하거나 읽어주기를 하거나 아이들에게 이야기를 들려주는 것이 우선 아이들이 좋아하고, 인간다운 인간으로 키우는 데 중요한 것은 물론 지금 이 시대에 필요한 기능을 두루 갖춘 사람으로 길러내는 데 중요하다는 이야기를 하려고 한다.

즐거움을 준다

가장 돈 안 들고 손쉬운 오락은 컴퓨터 게임이나 텔레비전을 보는 것이라고 말할 수 있을 것이다. 필자의 손녀는 학교에 가기 전부터 할머니 집에 올 때마다 거의 떼를 쓰다시피 말한다.

"할머니, 나 컴퓨터 해도 되죠? 30분만요."

그러나 그 30분은 계속되어 몇 30분이 되기도 한다.

"이제 30분 지났다. 그만 해라."

이런 말이 나오자마자,

"나 하던 것만 마저 끝내고요."

텔레비전도 마찬가지로 아이들 눈을 떼어내기 힘들다. 아이들이 컴퓨터나 텔레비전 앞에서 눈을 떼지 않고 있는 동안 어른으로서는 아이를 돌보는 수고를 크게 하지 않아도 된다. 그 동안 어른은 자기 할 일을 할 수 있어서 편리하다. 그러나 이 손쉬운 오락은 우리 아이들에게 이득보다는 해로움이 더 커서 될 수 있는 대로 금하는 것이 추천된다.

필자의 주장은 부모들이 이야기로 들려줄 만큼 준비할 시간이 부족하면 읽어주기로 아이들에게 오락을 제공하자는 것이다. 이야기하기나 읽어주기는 해로움은 전혀 없고 이득만이 있다. 특히 글에 익숙하지 않은 어린 나이의 아이들에게는 더 나은 다른 선택이 없다고 생각한다.

이야기 들려주기는 어른이 아이를 돌보며 놀아준다는 의미가 크다. 필자의 어린 손자는 아직 말을 잘 못하는 나이 적에 할머니나 할아버지와 요 위에서 뒹굴며 노는 것을 즐겼다. 온통 아무데나 기어오르고 잡아다니고 간질간질, 재미있어서 웃어대곤 했다. 노인들은 그것이 잠깐이면 좋지만 오랜 시간은 할 수 있는 일이 아니다. 너무 기운이 빠지고 힘이 든다.

그래서 옛날이야기를 적당히 꾸며대서 해주면서 논다. 복잡한 표현의 말을 잘 알아듣지 못하는 손자 아이는 이야기 내용보다 이야기할 때 "어흥" 하고 흉내 내는 호랑이 소리를 재미있어 한다. 할머니, 할아버지가 놀아준다는 데 아주 흡족해하는 것이다.

이 나이 또래의 이야기하기의 의미는 아이의 입장에서 보면 이야기의 내용이 아니고 어른이 자기를 사랑으로 돌보며, 좋아하고 놀아준다는 데 있다. 그 아이가 주말에 '할머니 할아버지

댁에 가자.' 하면 아주 좋아서 신발 먼저 신고 나선다고 한다. 할머니, 할아버지 댁에 대한 인상이 즐거운 것으로 꽉 차 있다는 뜻이겠다.

대화의 통로이며 인격 형성에 도움이 된다

어린아이 적에 엄마, 아빠 또는 할머니, 할아버지와의 이러한 경험은 아이에게 사랑을 알게 하고 세상에 대한 신뢰를 쌓아준다. 어린아이의 세상이란 가족과 일가친척 내의 생활이 거의 전부이다.

가족과 일가친척과의 관계에서 즐겁고 재미있고 아이들의 타고난 호기심을 채워주는 이야기가 풍부하면 아이는, 세상은 즐거움과 신뢰와 사랑이 가득한 곳이라는 인식을 갖게 될 것이다. 아이는 세상에 대해 긍정적인 인식을 갖게 될 수밖에 없다.

놀아주는 일의 대부분을 이야기해주기, 읽어주기로 채우는 경우, 놀이의 주된 도구는 언어이다. 어른과 아이는 자연히 대화를 하게 되고 양자 간에 정신적 유대가 튼튼하게 된다. 서로의 인간적 신망을 두텁게 하고 그 아이의 심리적 인격 형성을 긍정적으로 바로 세워나가게 된다. 그래서 이야기해주기, 읽어주기는 아이와 대화를 트는 방법이며 동시에 인격적인 아이로 기르는 방법이다.

이야기를 하려면 주제가 있어야 하는데 좋은 책은 의견을 나누는 아주 좋은 소재를 제공한다. 컴퓨터 같은 기계가 아니고 휙휙 지나가는 영화나 비디오 장면이 아니고 인간과 인간이

만나서 서로를 신뢰하고 믿는 경험을 아이에게 제공한다.

가난하거나 부유한 집안이거나 한 지붕 밑에서 한솥밥을 먹으면서도 아이들이 자기 부모는 자신을 이해하지 못한다고 생각하는 예가 허다하다. 부모와 단절되어 고독한 사춘기를 보내는 학생들이 탈선하는 경우도 많다. 부모 된 사람들은 혹시 자신은 부족하더라도 자기 아이에게 결코 거짓말하기, 속이기와 같은 나쁜 것을 가르치려 하지 않는다. 좋은 책을 읽어주거나 이야기를 해주게 된다면 부지런히 열심히 진력하는 태도와 바르게 행동하는 심성을 심어주게 된다.

어떤 사람들은 어린아이를 돌보는 어른은 이야기를 들려주거나 아니거나 마찬가지로 아이에게서 눈을 떼지 않고 쫓아다녀야 하니 마찬가지라고 말할 것이다. 그렇지만 책을 읽어주거나 이야기를 들려주는 것은 그냥 아이가 다치지 않게 주의하며 때로는 텔레비전을 보게 하고 더러는 장난감 놀이를 하게 하거나 산책을 나가는 등의 일로 시간을 보내는 것과는 차원이 다르다.

엄마, 아빠 또는 할머니, 할아버지와 읽어주기나 이야기 들려주기를 매개로 돈독한 관계를 맺는 것은 곧 시간을 공유하며 생각을 공유하고 삶의 방법과 가치관을 공유하는 것이다. 엄마, 아빠 또는 할머니, 할아버지가 아이와 함께 읽어주고 이야기하는 시간을 보내면서 좋은 것으로 채우려는 것은 적극적으로 아이에게 좋은 것을 주는 방법이다. 아이는 어린 나이일수록 이 좋은 것을 빨아들이듯이 흡수한다.

이렇게 해서 아이가 부모에게 효도하는 심성과 태도를 배운다면 부모 된 입장에서 좋을 뿐 아니라 그 아이의 삶의 견지에서도 가장 인륜적이며 도덕적인 인간으로 살아가는 것이다.

신사임당의 아들이며 조선 성리학이 대가, 이율곡은 여필종부하는 남성 중심 사회인 조선의 유학자이면서 외할아버지, 외할머니의 제사를 지냈다고 한다. 어려서 외가에서 자라면서 외조부모에 대해 쌓은 애정을 어른이 되어서도 제사를 올리는 것으로 표현한 것이다.

옛날 중국의 전한(前漢)시대 유향(劉向)이 '열녀전(烈女傳)'이라는 책에서 처음 썼다고 하는 태교의 개념은 아기가 뱃속에 있을 때 어머니가 마음을 바르게 하고 언행을 바르게 하여 뱃속의 아기에게 좋은 감화가 전달되도록 하려는 것이다. 이 태교 사상은 중국의 전한시대부터 동양권 전반에 걸쳐 내려온 생각이다.

이러한 생각은 19세기에 이르러서는 과학적으로 연구되기 시작하였다고 한다. 1940~50년경부터는 태교가 실제로 태아에게 영향을 준다는 것이 밝혀졌고(*동아세계대백과사전*. 1985. 권28) 지금은 태교가 과학적으로 입증된 사실이 되었다.

우리나라에 1990년대 말에 소개되어 임신한 여성들이 주목하였던 태교음악도 공연한 이야기가 아니라는 것이 확실하다. 뱃속의 아기도 소리를 듣고 반응하며 그 영향을 받는다면 소리로 들려주는 이야기하기, 읽어주기도 마찬가지라고 생각된다.

산모가 소리 내어 도란도란 책을 읽는 것은 아기에게 음악소리 대신 엄마의 음성을 들려주는 것이다. 태어난 아기가 알아듣지 못해도 엄마가 아기에게 이야기하고 언젠가는 아기가 엄마의 말을 알아듣게 되는 것이 아기를 낳아 키워본 엄마들의 경험이다.

읽어주기 운동의 선두주자로 알려져 있는 짐 트렐리즈는 1982년 *The Read-Aloud Handbook* 을 처음 출판하였다. 그 이후 여러 번 개정판을 내어 세계적으로 수많은 독자를 가지고 있는 분이다.

이 분이 단언하기를 "아기가 태어난 후에 책을 읽어준다는 것은 결코 최상의 방법이라고 할 수 없다."고 하였다.(짐 트렐리즈. 1995. p.77) 그는 태아가 6~7개월에는 사람의 목소리의 톤을 긍정적인지 부정적인지, 달래는 소리인지 교란시키는 소리인지 구분한다(S. Begley and J. Carey. Jan. 12, 1981. p.71-72)는 연구를 인용하면서 태아가 출생하기 전부터 읽어주기를 권한다.(J. Trelease. 1985)

뱃속의 아기에게 들려주는 것은, 태어난 이후에 아기가 아직 알아듣지도 못할 때, 엄마가 아기에게 말하는 것을 앞당겨서 뱃속에 있을 때 들려주는 것일 뿐이다. 어떤 엄마도 아기가 말을 알아들을 때까지 기다리지 않고 아기에게 말한다. 자주 반복해서 말을 하노라면 아이는 말을 알아듣게 되고 결국은 말을 하게 된다. 엄마와 대화를 하게 되는 것이다.

뱃속의 아기와 대화한다는 것은 어머니의 마음을 담은 음성, 목소리의 고저와 장단, 분위기 등을 태아에게 체험하도록 하는 것이다. 아기가 커서 그 목소리의 어머니에게서 고향을 느끼고 정서적으로 어려울 때 어머니로부터 위로와 격려를 받고 안정을 찾을 수 있는 것이다.

사춘기에 접어들면서 별안간 어머니가 아이와 대화하려고 의도적으로 접근한다면 아이를 이해하는 심도에서도 그렇고 받아들이는 아이 쪽에서도 자연스럽지 않아 실패할 확률이 높다.

아이와의 단절될 가능성이 있는 대화를 일찍부터 터놓아 길을 잘 닦는 일이 태아 때부터 책을 읽어 들려주고 태어나자마자 그 때도 계속해서 읽어주고 이야기로 들려주고 자라면서도 마찬가지로 하는 것이 아이를 여러모로 잘 기르는 방법이다.

아이들의 사회화에 기여한다

이야기 들려주기는 아이가 몸담아 살아가는 사회, 문화를 이해하고 받아들이게 한다. 이야기하기나 읽어주기의 내용은 대부분 개인이 살아가는 세상살이, 또는 집단에서 생기는 사건의 원인과 경과 그리고 결말에 대한 것이다. 동물이나 기타 등장물을 의인화한 이야기도 속의 내용은 인간세상의 이야기를 동물이나 다른 등장물로 겉포장한 것뿐이다.

똘똘이라는 아이가 주인공인 동화를 읽어주면 똘똘이의 학교생활, 가정생활, 또는 형제자매 간의 문제, 친구문제 등이 풀어져 나올 것이다. 그리고 똘똘이를 비롯한 등장인물의 행위와 생각 등이 사건들 속에 녹아 있다. 이 이야기 속에서 아이는 아이가 몸담아 살아가는 사회의 문화와 접하여 이를 이해하고 받아들이는 데 도움이 된다. 곧 아이의 사회화에 도움이 되는 것이다.

한 자녀 가정이 많은 지금 이후의 시대에 분명한 것은, 더불어 사는 사회에서 독불장군으로 길러지는 아이들이 많아질 것이다. 이렇게 자란 사람들로 하여 생기는 가정문제, 사회문제가 심각해질 수 있다. 더 나아가 정치, 경제, 문화 영역에까지도 영향을 미칠 수 있다고 예상된다.

요즈음 자녀수가 너무 적다. 아예 자녀가 없는 가정은 별 문제가 없겠지만 한 자녀만 둔 가정에서 자라는 아이들은 부모가 그렇게 기르지 않으려고 애를 쓰더라도 아이는 다른 사람을 의식하고 배려해야 한다는 가치기준을 배우기 어려운 위치에 놓인다.

사람이 지식으로 윤리, 도덕을 배우는 것과 실제 생활을 통해서 피부로, 정서로 느끼면서 배우는 것은 다르다. 한 자녀를 둔 젊은 부모에게 애지중지하는 지금의 자녀가 좋은 인간성을 지닌 사람으로 자라게 하기 위해서 동생이 있으면 형과 아우가 모두 좋을 것이다.

이는 인구 수급의 문제만이 아니라 개개의 가정의 교육문제이다. 앞으로 오는 세대의 문제는 사람과 사람과의 관계, 정서의 문제가 될 것이며, 그렇기 때문에 도덕적으로 윤리적으로 뛰어난 사람이 정치, 사회, 경제, 문화 각 부문에서 두각을 나타낼 것이다.

부모들은 이야기해주기, 읽어주기를 정례화하여 일과로 삼고 각별히 좋은 이야기를 선별하여 들려줄 필요가 있다. 또한 그런 이야기들에서 보이는 가치관을 실천하도록 가르치는 것 또한 중요하다고 본다.

다른 사회와 문화에 대한 이해를 넓혀준다

좀 더 큰 아이들을 상대로 이야기를 말로나 읽어서 들려줄 때는 이야기 내용이 자연적으로 아주 어린아이를 대상으로 할 때와 다르다. 이때 이야기는 좀 더 깊이와 폭, 구성이 복잡할 수 있다. 선택한 이야기가 다른 나라의 역사와 문화를 배경으로 한 이야기라면 아이들은 다른 나라 사람들이 누리고 사는 우리와는 다른 전통과 양식을 알게 되고 이해하게 된다.

그뿐 아니라 시간적인 차이에서 오는 서로 다른 문화를 알게 된다. 우리나라에 전해 내려오는 옛날이야기에서는 우리들의 옛 문화, 가치관을 볼 수 있다. 또 다른 나라의 옛날이야기에서는 다른 나라의 옛 문화를 알 수 있다.

지금 사회는 이웃 간에는 물론 지역 간, 국가 간에 고립되어서는 살아갈 수 없다. 남을 알고 이해하고 협조하는 자세가 긴요한 시대이다. 이 세상 사람들, 개인이나 집단이나 그 누구의 어떤 문화도 이야기 속에 있다. 우리 아이들에게 이야기하거나 읽어주기로 이야기를 들려주는 것은 더불어 사는 사회의 일원이 되는 기초훈련이다.

모든 고등 종교에서 또 윤리나 도덕에서 중요한 덕목은 인종이나 신분에 관계없이 평등하다는 것이고 어찌 했거나 사람의 사회는 그것을 실천하기 위해 노력하여 지금에 이르렀다. 나와 다른 사람을 인정하는 태도를 어려서부터 버릇 들이는 것이 바람직한 사회구성원으로 자라는 것이다.

아이들이 스스로 읽을 줄 모를 때부터 들려주어 세상에는 이런 사람도 있고 저런 사람도 있음을 알고 이해하는 형질의 사람을 기르는 방법이 우리와 다른 사람들의 이야기, 그들의 생각을 이야기해주고 읽어주는 것이다.

구연으로 들을 때 보다 감동적으로 전달된다

사단법인 우리농산물지키기 운동본부에서 우리 농산물을 애호하자는 취지의 창작동화를 공모한 일이 있다. 응모한 동화는 주로 유치원생이나 초등학교 1, 2학년 아이들을 대상으로 하는 짧은 이야기들이었다. 수상작을 뽑는데 여러 심사위원들이 각자가 일단 몇 편씩을 선정하고 그 선정된 동화들 중에서 다시 잘된 동화 몇 편을 골라내는 작업을 하기로 하였다.

이때 심사를 주관한 기관에서 동화구연가에게 의뢰하여 재심사할 동화를 심사위원들 앞에서 읽도록 하였다. 심사위원들은 한번 읽은 동화를 재심사를 위해 다시 읽는 것이 아니라 두 번째 심사에서는 구연하는 동화를 듣고 심사하게 된 것이다.

필자는 이때 책을 읽는 것과 구연으로 듣는 것의 차이가 어떤 것인지 실감하였다. 초벌 심사에서 묵독으로 읽은 동화를 재심에서 구연으로 듣게 되니 스스로 읽을 때와 구연으로 들을 때의 느낌이 어떻게 차이가 있는지 체험하게 된 것이다. 그 차이를 체험하는 순간 아이들이 이야기를 듣는 것을 좋아하는 이유가 충분하다는 것을 절감하였다.

등장인물의 목소리를 달리하여 구연하는 소리로 전달되는 이미지는 묵독으로 읽어서 전달되는 이미지보다 훨씬 생생하다. 재미있는 이야기는 정말 더 재미있고 슬픈 이야기는 더 슬프게 들린다. 우스운 이야기는 정말 더 웃음을 자아낸다.

말로 하는 이야기를 듣거나 읽어주기로 듣거나 아이에게 이야기를 듣게 하는 것은 이야기의 좋은 내용을 더 좋게 만들어 전달하는 것이다. 구연의 마력으로 부를 만한 일이다.

이런 이야기가 있다.(M. Shelley. 1990 p.16-17) 한 노인의 이야기를 듣고 감동하여 자기가 하는 일에 자신이 없던 한 신학교 교수가 목사를 양성하는 직업인으로서 자신감을 얻었다는 이야기이다.

크레덕 교수는 목사를 길러내는 한 신학교 교수였다. 휴가철이 되면 그는 아내와 함께 으레 스모키 산으로 피서를 가곤 했다. 산딸기 여관이라는 곳에서 쉬기도 하고 음식도 먹었다. 거기 식당 한쪽은 완전히 유리창으로 되어 있었다. 식당에 앉아 음식을 먹으면서 멀리 산을 바라보곤 했다. 어느 저녁 푹 쉬면서 부부가 앉아 있는데 어떤 나이가 지긋한 분이 곁에 다가오는 것이었다.

"휴가를 오셨습니다그려."

"예 영감님."

"재미있으세요."

글쎄, 크레덕 교수는 스스로 즐거운 시간을 보내고 있나 이런 생각을 하면서,

"아 물론이지요." 하고 대답했다. 그러니까 그가 말을 이어갔다.

"그래요 두 분이 휴가를 아주 재미있게 보내세요. 그런데 무슨 일을 하시죠?"

"신학교 교수입니다."

"아 목사님이시군요."

"예, 그렇습니다." 그가 의자를 끌어 잡아당기며,

"이야기 하나 해드릴께요." 하는 것이다.

그가 말을 시작했다.

◇ ◇ ◇ ◇ ◇

"나는 이 산들 사이에서 태어났어요. 나의 어머니는 결혼하지 않았지만 내가 태어났어요. 그 시절에는 사람들이 그것을 부끄러운 사건으로 생각했어요. 어머니와 내가 거리에 나가면 다른 여인들이 저 애의 아버지는 누구일까 하고 수군거리곤 했어요. 어머니에 대한 비난은 곧 나에 대한 것도 되고 그래서 나는 그것을 견디기가 아주 힘들었어요. 학교에 가면 아이들이 저를 돌려놓고

수군거렸지요. 나는 쉬는 시간이면 숲으로 숨어버리곤 했고 점심도 혼자서 먹곤 했습니다."

"언덕 뒤에 있는 조그만 교회엘 다니게 됐어요."

그가 이야기를 계속했다.

"그런데 그 교회 목사님은 괴짜로 생긴 사람이었어요. 얼굴에 온통 털이 나고 검은 수염을 길렀습니다. 목소리는 엄청 큰 분이었어요. 좀 무서웠지만 어딘지 끌리는 그런 분이었습니다. 저는 설교가 시작될 때 교회에 들어가서 설교가 끝나면 곧바로 나오곤 했어요. 왜냐하면 설교 시작 전에 프로그램이 진행될 때 다른 애들이 '너 같은 놈이 무엇 하러 교회에 왔어?'라고 말할까봐 그랬지요."

"그런데 어느 주일 설교가 끝나자 전체 교인들이 쭉 줄을 서서 복도로 나가게 되었어요. 그 자리를 도저히 피할 수가 없었어요. 누군가가 내게 말을 걸까봐 나는 조마조마했어요. 그래서 나는 언제 그 자리를 피하려나 했어요."

"그때 내 어깨 위에 손이 올려지고 있는 것을 알게 되었어요. 흘끗 올려다보니 그것은 목사님이셨어요. 그분의 수염이 보였고 얼굴이 보였습니다. '이크' 나는 무의식적으로 중얼거렸지요. '뉘 집 아들인가?' 그는 말을 이으려 하다가 잠시 멈추고 우물쭈물하더니 '아 하느님의 아들.' 그가 그렇게 말했어요. 그가 내가 누구인지를 알아차린 것이지요. '그래 너는 하느님의 아들이야. 참 많이 그분과 닮았군.' 그리고 내 엉덩이를 부드럽게 치면서 말했어요. '그래 하느님의 아들답게 살아라.' 나는 그 자리를 어떻게 빠져

나왔는지 기억하지 못합니다."

노인은 크레덕 교수 부부에게 계속해서 말하였다.

"그날이 내 생일이지요."

그 노인은 자신이 태어나고 자란 고향에 와서 우연히 만난 사람에게 과거를 회상하며 자신의 이야기를 한 것이다.

"노인장 존함이 어떻게 되시나요?"

노인이 대답했다.

"벤 후버."

"벤 후버?"

크레덕 교수는 전에 아버지가 말씀해주셨던 이야기가 떠올랐다. 테네시 주 주지사는 사생아지만 두 번이나 주지사에 당선된 일이 있었다는 것이다.

그 노인은 그 식당 창문을 통하여 크레덕 교수 부부와 함께 밖을 내다보고 있었지만 그는 거기 있는 산을 바라보는 것이 아니라 수염이 덥수룩 나고 험상궂게 생긴 그 시골 목사를 바라보고 있다고 생각되었다.

◇ ◇ ◇ ◇ ◇

그 늙은 벤 후버는 아주 간단하게 한 토막의 이야기를 들려주었지만 그 이야기는 크레덕 교수에게 깊은 감명을 주는 선물이 되었다. 이야기는 새롭게 자기 전문직에 대한 가능성을 발견할 수 있는 눈을 열어주었고 자기 직업을 통해서 많은 사람들에게 엄청난 영향을 끼칠 수 있음을 확인하게 해주었다.

아마도 이 신학교 교수는 목사를 양성하는 신학교 교수가 되기까지 그리고 그 후에도 목사라는 직업이 사람들의 정신생활에 얼마나 중요한 것인가에 대해 수없이 많이 읽었을 것이고 다른 사람의 강의나 설교를 듣기도 했을 것이다. 그러나 그 때까지 자신이 하는 일에 확신을 갖지 못했는데 한 노인의 생생한 자기체험을 듣고 깨달은 것이다.

아는 것과 깨닫는 것은 다르다. 그 노인의 이야기가 글로 씌어져 그 신학교 교수가 어느 책에서 읽게 되었다면 아마도 깨닫지 못했을지도 모른다. 노인과 교수가 만난 이야기 장소와 들려준 이야기를 하기 전후의 대화, 그 노인이 풍기는 분위기에서 받은 인상 등등이 모두 이야기 내용과 함께 작용하여 그 신학교 교수에게 영감으로 떠올라 깨닫게 하지 않았을까?

노인은 아주 자연스런 이야기하기의 연기자였다. 이야기하는 본인이 이야기의 주인공이었으니 그보다 더 나은 연기자가 없었을 것이다. 이야기의 배경 또한 분위기를 잘 조성하였다. 듣는 사람인 신학교 교수는 바로 이야기 속의 수염 난 목사와 같은 목사라는 직업을 가지고 있었다.

상상력을 키운다

이야기가 있는 영화나 비디오는 물론 연극도 이야기가 진행되는 장면을 보여준다. 시청자는 이야기가 진행되는 장면을 상상할 필요가 없다. 보여주는 장면을 그냥 보면서 지각한다.

그러나 이야기를 들려주거나 읽어주면 듣는 아이는 등장하는 인물이나 사건을 상상하며 머릿속에 그림을 그린다. 이런 점에서 이야기하기나 읽어주기는 시각을 동원하는 다른 예술에 비해 상상력을 훈련시킨다.

이야기를 듣거나 읽어주는 것을 들을 때 듣는 사람의 상상은 시각적인 그림, 소리, 촉감, 감정 등을 상상해내는 다중감각적 상상이다. 또 들려주는 사람의 연기와 듣는 사람의 경험, 이해, 신념에 따라 그 상상은 다양하게 된다. 글로 된 책은 그림으로 된 영상보다 상상력을 키우는 데 더 좋은 매체다.

그러므로 같은 이야기를 들어도 사람마다 상상의 내용이 다르게 나타나며 같은 사람이라도 어려서 들을 때와 나이 먹어서 들을 때 다르다. 엄밀한 의미에서 이야기를 듣는 사람은 이야기의 창조자 역할에 참여하는 것이다. 창조라는 것은 세상에 둘이 없는 새로운 것을 만들어내는 것, 곧 상상력의 산물이다.

집중력을 높여준다

필자는 지금으로부터 꼭 52년 전 여자 중학생이었을 때 국어시간에 교탁을 뒤로하고 서서 신지식의 *하얀 길*이라는 책을 읽어주시던 국어 선생님의 모습을 생생하게 기억한다. 검은색 깡통 치마에 옅은 보라색 한복 저고리를 입고 고름 대신 단추삼아 들국화 한 송이를 달고 책을 읽어주셨다. 국어시간에는 언제나 연속극처럼 책을 읽어주셨으니까 그 뒷이야기가 어떻게 되었을까 하고 다음 국어시간을 기다리게 되었다.

그 선생님의 성함이 이종숙이었던 것 같은데 자신이 없다. 그러나 그 책 내용이 하도 슬퍼서 줄줄 눈물을 흘렸던 기억은 지워지지 않는다. 처음에는 친구들이 울지 않는 척하였지만 서로 눈이 벌개진 것을 발견하고는 모두들 마음 놓고 눈물을 훔쳐냈다.

지금 생각하면 한국전쟁 직후 모든 것이 어수선할 때 국어시간 중에 얼마간을 읽어주기에 할애한 선생님의 지혜를 감탄하지 않을 수 없다. 그때 많은 친구들이 국어시간을 좋아했었는데 그 선생님을 좋아했던 이유도 있지만 더 큰 이유는 국어시간의 읽어주기가 좋아서였던 것 같다. 얼마 전 동창회 때 이러한 필자의 기억이 필자만의 것이 아님을 발견하고 다시 한번 놀랐다.

지금 필자는 대학의 독서지도 교수가 되어 모든 학부모에게 읽어주기를 권하는 책을 쓰면서, 중학교 때 그 국어 선생님이 읽어주기를 수업의 일부로 도입한 이유를 생각해본다. 그 때의 읽어주기는 이 책에서 "읽어주기의 효과"라는 제목 아래에 기술한 각각의 항목이 모두 해당될 것이다. 그러나 당시의 국어 선생님이 50명(그 때는 한 반에 학생 수가 아주 많았다.)이 넘는 학생들을 놓고 참으로 괜찮은 수업시간을 꾸리기 위해 고안해낸 것이 읽어주기였을 것으로 생각한다.

그때 우리는 사춘기의 여자 중학생이었으므로 그리고 그렇게 좁은 교실에 책상을 총총히 붙여놓고 앉아 있었으므로 굉장히 재잘거리고 떠들었다. 선생님은 우선 학생들의 마음을 집중시키는 현실적 문제가 있었을 것이다.

선생님의 원래 목소리는 맑고 부드러웠다. 그런데 가련한 소녀의 목소리는 가느다랗고 여리게, 아버지의 목소리는 굵고 힘차게 읽어주셨다. 우리 학생들은 숨소리도 내지 않고 듣고 있었다. 읽어주기는 듣는 사람을 집중하게 한다.

텔레비전과 컴퓨터에 접하는 시간이 많은 요즘 아이들의 특징이 인내심이 부족하고 집중력이 떨어지는 것이다. 의사들이 컴퓨터 중독 증세를 보이는 아이의 우선적인 증상이 집중력이 약하고 집중시간이 짧은 것이라고 말한다.

심하면 안절부절못하고 불안해하는 증세를 보인다고 한다. 이런 아이들을 치료하는 처방이 경우에 따라 다르겠지만 대체로는 집안에 텔레비전과 컴퓨터를 없애고 부모들이 아이와 놀아주고 책을 읽어주라는 것이다.

지금의 시대는 아이가 태어나면 텔레비전이 켜져 있는 집안에 뉘이게 되는 형국이다. 마우스를 겨우 쥘 수 있을 정도의 아기도 컴퓨터 화면에서 눈을 떼려고 하지 않는다. 이런 환경에서 아이를 기르자면 텔레비전보다 컴퓨터보다 더 재미있게 이야기를 들려주고 책을 읽어주어야 아이의 마음을 붙들 수가 있다.

왜 컴퓨터가 아이들의 집중력을 방해하는가는 쉬운 이야기이다. 컴퓨터는 여러 가지 메뉴를 한 화면에 보여주면서 선택하도록 요구한다. 그 선택은 고사리 같은 손가락을 까딱하는 순간이면 족하다. 얼마든지 다른 화면으로 바꾸는 것이 쉽다. 아이들은 이렇게 마우스로 클릭하는 것이 익숙하고 새로운 화면으로 전환하는 것이 버릇처럼 되어버린다.

그 새로운 화면이 별것도 아닌데 자꾸 바꾸지 않으면 직성이 풀리지 않는다. 이런 환경에서 달이 가고 해가 가면 아이들은 참을성을 기르지 못하고 집중력이 떨어지게 된다.

역사를 거슬러 올라가면서 살펴보면 인류 사회에 공헌한 사람들은 호기심과 집중력이 컸던 사람들이다. 부모들은 발명가, 토마스 에디슨의 생애에서 그의 발명품에 주목하기보다 문제를 해결하려고 몰두하던 그의 집중력을 생각해보는 것이 좋을 것이다.

상식으로 생각해도 그렇다. 집중하지 않으면 아무 것도 이루어낼 수 없다. 숙제는 물론 학교 공부시간에 한 시간 내내 앉아 있어도 아무것도 머리에 들어오지 않는다. 그런 학생의 공책을 보면 부모나 교사나 화가 날 것이다. 오랜 세월을 매일매일 이야기 시간, 읽어주기 시간을 지속적으로 재미있게 영위하면 절대로 그렇게 되지 않는다.

비판적 사고를 훈련시킨다

비판적 사고는 현대의 지식사회에서 삶을 영위하는 기본 기술이다. 필자는 앞서 2장에서 "우리 아이의 튼튼한 삶을 위하여"라는 제목 아래 판단, 응용력이 좋아야 현명하게 살아갈 수 있다고 힘주어 말했다. 판단과 응용은 비판적 사고를 기초하여 이루어진다. 비판적 사고란 좋고 나쁘고 옳고 그르고를 따져가며 생각하는 것을 말한다.

읽어주기는 비교적 덜 하지만 이야기하기에 익숙하지 않은 엄마가 아이에게 이야기를 해주려면 우선 들려주기 좋은 이야기를 고를 수 있어야 한다. 들려주기 편하고 듣는 아이에게도 잘 들어맞는 이야기의 유형에는 옛이야기가 단연 으뜸이다. 여기에 짧은 옛이야기 한 토막을 소개하려고 한다.

◇ ◇ ◇ ◇ ◇

옛날에 박 서방이라는 사람이 막대기를 들고 족제비를 쫓고 있었다. 족제비가 날렵하게 달아나니까 박 서방은 막대기로 헛방만 치고 말았다. 그래도 멀찍이 달아난 족제비를 달음박질하여 뒤쫓아 가는데 중간에 강아지 한 마리가 튀어나와 족제비를 덥석 물고 주막집으로 들어가 버렸다. 애써서 쫓고 있던 족제비를 강아지에게 빼앗긴 박 서방은 주막집으로 들어가 족제비를 내놓으라고 요구했다.

"여보시오. 주인장. 그 족제비는 내가 쫓고 있던 것인데 난데없이 당신네 개가 물어갔으니 내놓으시오."

"아니, 그게 무슨 말씀이오. 임자 없이 돌아다니는 족제비는 먼저 잡는 쪽이 임자지. 그렇게는 못하오."

박 서방과 주막집 주인의 승강이가 끝나지 않자 주막집 주인이 제의했다.

"정 그러면, 사또 나리에게 가서 재판을 받을 수밖에 없소. 갑시다."

박 서방과 주막집 주인은 강아지에게 족제비를 물려서 데리고 사또에게 갔다. 두 사람이 주장하는 사연을 경청한 사또는 판결을 내렸다.

"에- 또 재판은 자고로 공평하게 해야 하느니라. 두 편의 이야기를 들어보니 모두가 일리가 있어. 족제비 허리를 뚝 잘라서 하나는 박 서방이 갖고 하나는 여관집 주인에게 줘라."

박 서방이나 주막집 주인이나 사또의 판결이 마음에 흡족하지 못하였다. 그러나 일단 판결이 났으니 할 수 없이 돌아오는데, 길옆 제방 뚝 아래 넓은 공터에서 아이들이 사또놀이를 하고 있었다. 마침 죄인을 오랏줄에 묶어놓고 재판을 하고 있었다. 박 서방이 선뜩 제방 쪽으로 발길을 돌려 들어서며 제안했다.

"저 아이들은 어떻게 판결할지 한번 들어봅시다."

재판관이 된 아이는 제법 위엄을 차리고 자초지종을 듣더니 판결을 내렸다.

"사람은 족제비의 가죽을 갖고자 하고 동물은 고기를 먹고자 하니 가죽과 고기를 갈라서 가죽은 박 서방이 가져가고 고기는 강아지에게 주시오. 여관집 주인은 족제비 잡는 데 한 일이 없으니 가져갈 것이 없습니다."

◇ ◇ ◇ ◇ ◇

이 이야기를 들은 아이는 사또의 판결과 사또놀이에서 사또 역할을 한 아이의 판결에서 사람과 동물에게 좋게 내린 판결과 좋지 않게 내린 판결을 비교하면서 누구의 판결이 옳았는지 생각할 것이다.

나아가서 왜 어른인 사또가 놀이하는 아이만도 못한 재판을 하게 되는지에 대한 의문이 제기될 수 있다. 초등학교 상급학년쯤 되면 이런 이야기가 전해지게 된 시대적, 사회적 배경에 대한 토론을 할 수 있을 것이다. 부모들이 아이에게 들려주는 이야기하기나 읽어주기는 아이가 비판적 사고를 훈련하는 기회이다. 매일매일 이런 시간을 갖는다면 아이의 비판적 사고능력은 좋아질 수밖에 없다.

읽고 싶어하도록 유도한다

부모와 교사들이 아이들에게 바라는 것은 아이들이 텔레비전이나 컴퓨터에 몰두하지 말고 책을 읽었으면 하는 것이다. 아이가 스스로 책을 읽게 하는 방법이 이야기를 해주거나 읽어주기를 지속적으로 반복하는 것이다.

아장아장 걸어다니는 아기들도 텔레비전 프로그램을 보고 뽀로로나 뿡뿡이가 재미있다는 것을 안다. 다른 아이가 뽀로로나 뿡뿡이 인형을 가지고 있으면 자기도 갖고 싶어한다. 가게에 가서 이런 인형을 보면 반가워서 어쩔 줄을 모르며 사달라고 한다. 뽀로로나 뿡뿡이 캐릭터를 텔레비전에서 많이 보아서 아기들에게 광고가 잘 되어 있는 까닭이다.

뽀로로나 뿡뿡이 프로그램처럼 이야기하기와 읽어주기의 내용을 재미있게 하고 지속적으로 들려주면 아이들은 은연중에 "책이 마음에 든다."는 생각을 갖게 된다. 광고가 되기 때문이다. 뽀로로나 뿡뿡이도 어느 하루 저녁 방영하고 중단하면 아기들에게 그렇게 널리 알려져서 인기를 얻지는 못할 것이다.

그러므로 지속적으로 충실한 내용의 이야기 혹은 책을 읽어주면 아이들은 분명히 책을 좋아하게 된다. 보여주고 들려주고 체험하게 하면 광고하는 효과가 크다. 이런 방법은 자유민주주의 사회에서 사람들을 설득하여 그 마음을 얻는 아주 일반적인 방법이다.

서양의 간단한 아침식사로 시리얼이라는 것이 있다. 이 시리얼을 창안한 사람이 처음 상품을 내놓았는데 아무도 거들떠보지 않았다고 한다. 아침에 일어나 급하게 시리얼에 찬 우유를 부어 먹는 것을 사람들이 좋아하지 않았던 것이다.

그래서 그는 시리얼을 유아원에 무료로 오랫동안 공급하였다. 아이들에게 보여주고 먹게 하는 광고로 그 맛을 체험시키고

자 한 것이다. 그 이후 아이들이 자라서 어른이 되고 또 자녀를 낳아 기르게 되었을 때 또 그 후로도 시리얼은 계속해서 팔리게 되었다는 것이다. 체험의 방법으로 맛을 들이는 것은 그만큼 효력이 있다.

시리얼을 먹고 싶다는 생각이 나도록 하는 것과 마찬가지로 독서하고 싶은 생각이 나는 것은 선천적이 것이 아니라 부모와 교사가 이야기하기, 읽어주기로 맛을 들여주는 데 있다. 이렇게 길들어진 아이는 스스로 읽을 수 있는 나이가 될 때 책을 찾아 읽게 된다.

예술, 과학, 사업, 운동, 정치, 종교 등 모든 분야의 성공 이야기에서 공통된 핵심은 성공한 사람의 내적 동기가 샘처럼 솟아오르고 있었다는 것이다. 마음속에서 하고 싶은 생각이 샘솟을 때 누구도 그것을 재제하기 어렵다. 책을 읽고 싶은 생각이 간절한 아이를 방해할 부모나 교사는 없을 것이다. 오히려 칭찬하고 격려할 것이다. 그것이 모든 부모가 바라는 것이다.

독서 흥미를 개발하고 독서 욕구를 증진하는 방법은 아이들에게 이야기를 들려주고 책을 읽어주는 것이다. 아이가 학교에 가기 전, 그 훨씬 전부터 책에 대해 광고하는 것이 필요하다. 아이가 흥미를 끌 수 있는 예쁜 그림책을 가지고 놀게 하고 읽어주고 책에는 좋은 것이 들어 있다는 인식을 일찍부터 심어주면 자연스럽게 책 읽는 사람으로 기르게 된다.

4

어떤 이야기를 해줄까? 읽어줄까?

주말에 도서관의 아동실로 책을 보러 가는 학부모 가족들이 많이 있다. 서점도 마찬가지다. 요즈음 서점에서는 충분하지는 않으나 앉아서 책을 볼 수 있는 자리를 마련해주고 있어서 책을 읽고 마음에 드는 책은 사 가지고 가는 가족들로 아동 코너가 붐빈다. 어떤 젊은 엄마는 아직 읽지 못하는 아이를 옆에 앉히고 몰두하여 읽어준다. 주변은 좀 소란스럽지만 참 보기 좋은 풍경이다.

그런데 어떤 책을 읽어주나 하는 호기심에서 둘러보면 서점의 담당직원이 어떤 책을 읽어주면 적절할지를 상담도 할 수 있는 사람이 최소한 한 사람이라도 있으면 좋겠다는 생각을 하게 된다. 아이들이 그림만 보고 재미있을 듯한 책을 책장에서 뽑아와서 읽어 달래기도 하고 어떤 젊은 엄마는 무조건 장난감 책을 모아놓고 읽어준다. 물고기 비늘이 반짝이는 반짝이 그림책 시리즈는 이런 엄마들이 단골로 선택하는 책이다.

부모들은 어떤 이야기를 해주면 더 좋을지, 어떤 책을 읽어주면 더 나을지를 공부해가면서 해나가는 것이 성공적으로 이야기 시간을 운영하는 길이다.

이야기해주기나 읽어주기를 잘 하려면 꾸준히 이야기를 읽으면서 들려주기를 해나가는 동안 어떤 이야기가 이야기로 들려주기 좋은지, 어떤 이야기 또는 책이 읽어주기 좋은지 점차로 알게 된다. 그러나 어떤 유형의 이야기가 좋은지 또는 좋지 않은지에 대한 지침이 도움이 되는 것도 사실이다.

이야기해주기나 읽어주기가 잘 되기 위해서는 숙달된 구연 기술을 사용하는 것이 중요하지만 동시에 중요한 것은 이야기 자체의 질이 좋아야 한다. 이야기의 질이 좋다 함은 이야기가 문학이므로 좋은 문학작품이라는 뜻이기도 하다.

이야기를 구성하는 여러 요소, 즉 줄거리, 인물, 표현, 배경, 테마, 시점이 잘 어우러져 있는 작품이면 일단 이야기감으로 고려할 만하다. 그러나 말로 혹은 읽어서 들려주는 이야기는 입을 통해 소리로 전달되는 것이라는 점을 고려해야 한다.

오랫동안 어린이 사서로 스토리텔링을 해온 도로시 드 윗(Dorothy de Wit)이라는 분은 들려주기에 적절하지 않은 이야기가 어떤 종류인지 가려내봄으로써 이야기하는 데 적절한 이야기를 선택하는 범위를 줄이고 있다.(1979. p.6)

여기에 열거한 항목들은 이야기를 말로 들려줄 때뿐만 아니라 책으로 읽어줄 때도 적절하지 않은 유형의 이야기들이다. 듣는 사람의 입장에서는 어느 경우나 똑같이 소리로 듣기 때문이다.

- 구성이 복잡하고 큰 줄거리 내에 작은 줄거리들이 얽혀 나오는 이야기
- 철학적으로 사색하는 긴 문장 혹은 사람들 앞임을 의식하고 길게 하는 독백
- 날카롭게, 총알처럼 빠르게 재치문답하는 재간이 들어 있는 이야기
- 논술이나 설교가 들어 있는 이야기, 혹은 복잡하고 긴 대화가 들어 있는 이야기 혹은 실제로 줄거리가 진전되지 않는 이야기
- 설명이 있는 이야기
- 등장인물을 분석하는 이야기, 등장인물이 매우 복잡한 이야기, 등장인물의 성장발전을 세세히 알릴 필요가 있어서 길게 설명한 이야기
- 조각 이야기, 짧은 일화, 혹은 의미심장한 정보를 담고 있는 긴 이야기(naratives)에서 발취한 부분
- 결정적인 결말이나 해결이 없이 끝나는 이야기
- 저자의 표현이나 사용한 어휘에 좌우되어 효과가 나타나는 이야기

위에 열거한 종류의 이야기는 어린아이들의 심리적 특성과 잘 맞는 이야기가 아니다. 아이들은 직선적이고 단순하고, 두뇌가 분화되어 있지 않으므로 이러한 원리에 맞추어 생각하면 이 이야기들이 왜 이야기하기나 읽어주기에 좋지 않은지 그

이유를 이해하게 된다.

반면에 이야기를 들려주는 어른이 수월하고 이야기를 듣는 아이에게도 좋은 이야기가 있다. 이야기를 해주거나 읽어주는 사람은 자연히 어떤 이야기가 아이들의 호응을 받을 수 있는지 그리고 이야기하기에도 편한지를 생각하면서 이야기를 고르게 된다. 대체로 이야기하기는 아이들이 좋아하고 들려주는 사람이 편한 이야기를 선별하여 사용하게 된다.

그러나 읽어주기에 알맞은 이야기는 그 범위가 훨씬 넓어서 오히려 이야기의 선택은 주로 듣는 아이들의 조건에 맞추는 것이 우선의 기준으로 생각할 수 있다. 예를 들면, 구성이 복잡하고 큰 줄거리 내에 작은 줄거리들이 얽혀 나오는 이야기라도 고등학생들이나 어른들에게는 어느 정도 괜찮을 수가 있다.

옛이야기는 기억하기에 편하다

일반적으로 이야기하기에 좋은 이야기는 옛이야기, 또는 옛이야기 형식의 이야기들이다. 이야기를 하는 입장이나 듣는 아이들의 편에서 좋기 때문이다.

옛이야기는 구성이 단선적이고 간단하다. 이야기하는 사람이 글로 된 메모지를 보지 않고 말로만 하려면 이야기를 외우고 있어야 한다. 외우는 것은 문장을 자구대로 외우는 것이 아니라 줄거리의 진행을 사건 중심으로 기억해두고 그 순서대로 이야기를 풀어가야 안전하다. 문장을 외우면 이야기 도중에 잊어버리기 쉽고 잊어버리면 그 다음 문장은 생각해내기 어렵다. 이야기를 사건 중심으로 기억할 때 이야기가 시간 순서대로 단선적이고 단순하면 기억하는 것이 매우 쉽다.

예를 들어 "꼬리 물린 호랑이"라는 옛이야기를 준비하는 화자는 이야기 순서로 기억할 것을 '① 호랑이와 토끼의 대면, 토끼를 잡아먹겠다. ② 토끼의 꾀: 불에 달군 돌멩이, 참새 떼, 물고기, ③ 사람들에게 잡히다.'라고만 메모하여 기억하고 자세한 정황은 구연하면서 조금씩 달라져도 이야기는 재미있게 막히지 않고 해낼 수 있게 된다.

이 때의 메모는 만약을 대비하는 것으로 실제로는 거의 보지 않게 된다. 그러나 자구대로 문장을 외우면 이야기 전체를 적은 여러 페이지의 종이를 메모지로 준비해야 한다.

옛이야기는 그 구조가 대체로 일정한 틀을 크게 벗어나지 않는다. 이야기 시작 부분의 두세 문장에서 문제가 제기되고(①에 해당), 그 문제에서 강하고 악한 등장인물과 약하고 착한 등장인물의 대결이 진행되다가(②에 해당) 강자가 약자에게 패하는 이야기로 결말이 난다(③에 해당). 이러한 구성은 이야기하기를 처음 시작하는 사람도 선명하게 잘 기억할 수 있는 구도이다.

그 외에도 옛이야기가 일정한 틀 안에 구조되어 있는 관계로 기억하기 쉬운 점을 여러 가지 들 수 있다. 이야기의 처음 시작은 언제나 "옛날 옛날에"로 시작한다. 이야기의 끝막음도 역시 일정한 형식으로 끝이 난다. "행복하게 오래오래 살았대요." 등이 그것이다.

인물은 세부적으로 묘사하는 것이 아니라 가장 전형적인 모습으로 그리고, 인물의 전형성은 모두 극단적이다. 부자는 아주 부자, 가난하면 찢어지게 가난하고, 공주는 모두 최고로 아름답다.

또 악한은 강자로 등장하여 개과천선하는 법이 없이 끝까지 악인으로 이야기 끝에서 혼이 나거나 패자가 된다. 선한 등장인물은 강하고 악한 등장인물에게 고통을 당하나 어떤 상징적 물건(호박, 장갑, 반지, 씨앗 등) 또는 초현실적 인물(신선, 요정 등)에 의해 구조되어 이야기 끝에서는 행복해지거나 승자가 된다.

옛이야기는 원래 구전으로 전해오던 이야기이다. 옛날에, 언제인지도 잘 모르는 옛날부터 사람들이 입으로 전해서 오늘에 이른 것이므로 그 전해지는 동안 이야기는 우선 기억하기에 편한 구조로 만들어졌을 것이 당연하다. 창작동화가 옛이야기 구조로 되어 있다면 마찬가지로 이야기하기에 편할 것이다.

옛이야기는 어린아이들이 좋아한다

이야기해주기나 읽어주기의 여러 가지 좋은 점을 통틀어 볼 때 아이들이 즐겨하고 좋아한다는 것은 이야기해주기나 읽어주기의 모든 다른 이점에 앞서서 고려할 가치가 있는 기준이다. 아이들이 이야기 듣기를 좋아하지 않으면 들으려고 하지 않을 것이다.

그렇게 되면 이야기가 아무리 유익한들 무슨 소용이 있겠는가? 또 아이들이 좋아한다, 그들에게 기쁨을 준다는 것은 그 자체가 귀한 것이기도 하다. 이 점이 이야기를 고를 때 아이들이 좋아하느냐 하는 평가기준이 우선시 되는 이유이다.

아이들은 옛이야기를 좋아한다. 옛이야기 중에서도 아이들이 열광하는 이야기가 있다. 우리나라에 전해오는 "꼬리 물린 호랑이" 이야기, 서양의 옛이야기로 우리나라 어린이들에게 널리 알려진 "아기돼지 삼형제" 같은 종류의 이야기이다. 아기돼지 삼형제 이야기는 하도 유명해서 원래 전해오는 이야기를 변형하여 창작한 돼지 이야기가 대여섯 종류가 출판되었고 그 책들이 우리나라에 번역되어 팔리고 있다. 이 이야기가 어떻게 구조되어 있어서 아이들이 좋아하는지 살펴보자.

한 세기 전과 지금의 아이들은 환경의 변화에 따라 이야기에 대한 이해도나 선호도에 차이를 보이겠으나 근본적으로 같은 연령대의 아이라는 점에서 그 좋아하는 이야기의 성격은 비슷하다고 생각된다.

20세기 초 어린이 도서 작가인 사라 콘 브리안트는 이야기해줄 책의 선정에 대한 기술에서 아이들이 좋아하는 이야기로 단연 옛이야기를 들고 있고 그 옛이야기의 어떤 점이 아이들에게 호소력이 있는가를 설명하고 있다.

그것은, 옛이야기는 지루한 설명이 없이, 사건의 연속으로 이야기가 진행된다는 점, 그 사건들은 그림을 보듯이 이야기의 진행을 상상할 수 있게, 생생하게 제시된다는 점, 그리고 일말의 반복성이 들어 있다는 것이다.(http://www.faridhajji.net/books/en/Bryant_Sara_Cone/ts-index.html)

이러한 세 가지 측면이 실제 이야기에 어떻게 삽입되어 있는지 19세기 말에 수집되어 출판된 아기돼지 삼형제의 원본을 읽으면서 검토해 보기로 한다.

◇ ◇ ◇ ◇ ◇

아기돼지 삼형제 (David Nutt, 1894 / Reprint 1968.)

옛날에 아기돼지 삼형제가 살았는데, 어느 날 엄마돼지가 말했어요.

"얘들아, 이제 너희들은 각자 따로 나가 독립해서 살아라."

첫째 형 아기돼지가 길을 가다가 지푸라기를 메고 가는 사람을 만났어요.

"아저씨, 집을 지으려고 하는데 그 짚을 좀 주시겠어요?"

그 사람이 짚을 나누어주었어요. 첫째 형 아기돼지가 그 짚으로 집을 지었어요. 그때 마침 늑대가 와서 문을 두드렸어요. 똑 똑.

"아기돼지야, 아기돼지야 문 좀 열어."

"아니 아니, 안 열어. 절대로 안 열어."

"안 열면 훅 훅 불어버릴 거야. 후우훅 불어서 집을 날려버릴 거야."

늑대가 후우훅 불어서 지푸라기 집을 날려버리고 첫째 형 아기돼지를 삼켜버렸어요.

둘째 형 아기돼지는 나뭇가지를 한 짐 지고 가는 사람을 만났어요.

"아저씨, 집을 지으려고 하는데 그 나뭇가지를 좀 주시겠어요?"

그 사람이 나뭇가지를 나누어주었어요. 둘째 형 아기돼지가 그 나뭇가지로 집을 지었어요. 그때 또 늑대가 와서 문을 두드렸어요. 똑 똑.

"아기돼지야, 아기돼지야 문 좀 열어."

"아니 아니, 안 열어. 절대로 안 열어."

"안 열면 훅훅 불어버릴 거야. 후우훅 불어서 집을 날려버릴 거야."

늑대가 후우훅 불어서 나뭇가지 집을 날려버리고 둘째 형 아기돼지를 삼켜버렸어요.

셋째 번 막내돼지는 벽돌을 나르고 있는 사람을 만났어요.

"아저씨, 집을 지으려고 하는데 그 벽돌 좀 주시겠어요?"

그 사람이 벽돌을 나누어주었어요. 막내 아기돼지가 그 벽돌로 집을 지었어요. 그때 또다시 늑대가 와서 문을 두드렸어요. 똑 똑.

"아기돼지야, 아기돼지야 문 좀 열어."

"아니 아니, 안 열어. 절대로 안 열어."

"안 열면 훅 훅 불어버릴 거야. 후우훅 불어서 집을 날려버릴 거야."

늑대는 후우훅 불었어요. 후우훅 후우훅, 후우훅 후우훅, 아무리 불어도 소용이 없었어요. 아무리 아무리 불어도 집이 무너지지 않으니까 늑대가 꾀를 냈어요.

"아기돼지야, 맛있는 무밭이 있는데 가보지 않을래?"
"어딘데?"
"공 서방네 밭인데 내일 아침에 우리 같이 가서 뽑아오자."
"그래 알았어. 그런데 몇 시에 가려고?"
"여섯 시에 가자."
다음날 아기돼지는 다섯 시에 일어나 무밭에 가서 무를 뽑아 왔어요.
늑대는 여섯 시에 왔어요.
"아기돼지야, 갈 준비되었니?"
"준비됐지. 나는 벌써 무를 한 묶음 뽑아왔다."
늑대는 화가 났어요. 그래서 다시 꾀를 냈어요.

"아기돼지야, 맛있는 사과가 주렁주렁 매달린 사과밭이 있는데 가보지 않을래?"
"어딘데?"
"박 서방네 밭인데, 네가 또 나를 속이지 않겠지? 내일 아침 다섯 시에 같이 가자."
아기돼지는 다음날 네 시에 일어나서 사과를 따러 갔어요. 나무에 기어올라가서 사과를 따느라고 오래 걸렸어요. 아기돼지가 나무에서 내려오려는데 늑대가 오는 것이 보였어요.
"아기돼지야, 내가 오기 전에 왔냐? 사과가 좋지?"
"그래 사과가 아주 좋아. 내가 하나 던져줄게."
아기돼지가 빨간 사과 하나를 힘껏 던져서 멀리 떨러져 데구르르 굴러갔어요. 늑대가 사과를 집으러 가는 사이 아기돼지는 사과나무에서 껑충 뛰어내려 집으로 달려갔어요.

다음날 늑대가 또 와서 말했어요.

"아기돼지야, 내일 오후에 마을에 잔치가 있는데, 가보지 않을래?"

"그래? 물론 가지. 몇 신데?"

"세 시에."

아기돼지는 전에처럼 약속보다 일찍 떠나서 잔치에 갔어요.

늑대가 오는 것이 보이면 통 속에 숨어서 굴러갈 생각으로 버터 만드는 둥근 통을 샀어요. 아기돼지는 늑대가 올 때쯤 해서 통 속에 숨었어요. 늑대가 언덕을 올라오는 것이 보이자 아기돼지는 갑자기 언덕 위에서 아래로 대굴대굴 굴러 내렸어요. 늑대가 언덕을 올라오다가 깜짝 놀랐어요. 놀라서 혼이 난 늑대는 잔치에 가지도 않고 늑대 집으로 도망갔어요.

늑대는 아기돼지 집에 와서 말했어요.

"잔치에 가는 길에 굉장히 큰 둥그런 물건이 내 앞으로 굴러 내리는 바람에 얼마나 놀랐는지 나는 잔치에 안 가고 그냥 돌아왔다."

"하! 하! 내가 놀래준 거지롱."

이 말을 듣고 늑대는 머리끝까지 화가 났어요. 굴뚝으로 해서 집안으로 들어가 아기돼지를 잡아먹으려고 했어요. 늑대가 어떻게 하나 하고 창문으로 내다보니까 굴뚝으로 올라가고 있거든요. 아기돼지는 굴뚝 아래 달린 아궁이에 불을 지피고 솥에 물을 가득 부었어요. 물이 점점 뜨거워졌어요. 늑대가 굴뚝으로 내려올 때 솥뚜껑을 열었다가 늑대가 솥으로 떨어지니까 얼른 뚜껑을 닫았어요. 그리고 부글부글 끓여서 저녁으로 먹었대요.

◇ ◇ ◇ ◇ ◇

위 이야기는 어린아이들이 좋아할 만한 요소가 응축되어 있다. 아이들이 좋아하는 옛이야기의 특징의 하나는 사건의 연속이고, 사건은 행위와 대화로 되어 있으며, 행위와 대화는 가장 자연스러운 논리적 순서로 배열되어 있는 것이다.

옛이야기는 이야기가 진행되는 동안 항상 무언가 사건이 일어난다. 이야기의 매 단위가 사건으로 되어 있다. 설명이나 해설, 사람들이 어떻게 생각하고 느끼는지에 대해 말하지 않는다.

또 그 사건의 제시방법은 인물이 행한 것, 말한 것만을 이야기하는 것뿐이다. 첫 장면부터 엄마돼지가 아기돼지들에게 각자 따로 나가 독립해서 살라고 말한다. 다음 장면부터는 늑대와 아기돼지들이 행동한 것과 늑대와 아기돼지들이 나눈 대화로 되어 있다.

등장인물의 행위와 말은 비약이 없이 가장 근접한 행위나 말을 가까이 연속시키는 형식으로 되어 있다. 즉, 시간적으로 또 인과의 관점에서 뒤에 올 가능성이 가장 큰 행위나 말이 바로 뒤따르게 되어 있다. 줄거리를 이야기하면서 되돌려서 말할 필요가 없으므로 복잡하지 않다.

아기돼지 삼형제에 보이는 다른 특징의 하나는 사건이 눈에 선명한 그림으로 보인다는 것이다. 그 그림은 단순하고 아이들에게 낯설지 않은 장면이다. 그림에 나오는 사건이나 물건은 아이들의 일상생활에 있는 것들이다. 그런데 단지 조그만 차이점이 끼어 있어서 신비로움과 호기심을 불러일으킨다.

막내 아기돼지가 통 속에 숨어서 언덕을 굴러내리는 바람에 늑대가 크게 놀랐는데, 아기돼지가 "하! 하! 내가 놀래준 거지롱." 하였다. 이 사건은 아이들에게 아주 일상적인 것이다. 서로 다투고 있는 상대가 자기를 골려주면 화가 나는 것은 아이들에게 늘 있는 일들이다.

또 이때 이야기 장면에 상상하게 되는 것들도 모두 아이들이 잘 아는 물건들이다. 벽돌집 현관문, 창문, 지붕 위로 솟아 있는 굴뚝. 그러나 호기심을 돋우는 이색적인 면이 첨가되어 있다. 거기 문 앞에 서 있는 인물은 사람이 아니고 늑대이며 창문 안에서 밖을 엿보는 인물도 사람이 아니라 아기돼지이다. 완전히 일상적인 것이라면 어른이거나 아이이거나 사람이어야 할 것이다. 그 늑대가 굴뚝 꼭대기로 기어들어가서 집안으로 침입하려는 것 역시 아슬아슬한 이색적 아이디어이다.

약간의 이색적인 신비감을 첨가하여 호기심을 불러일으키는 요소가 일상적인 선명한 그림 속에 들어 있다는 것이 아이들이 좋아하는 이야기의 특징이다.

아기돼지 삼형제에 보이는 또 다른 특징의 하나는 반복성이다. 첫째 형 아기돼지부터 막내 아기돼지까지 세 번을 같은 형식의 구성으로 반복되어 듣는 아이들이 다음에 어떻게 될지를 예측할 수 있다는 즐거움을 준다. 그러나 너무 지루하지 않게 세 번째는 이야기가 좀 다르게 진행된다.

늑대가 집안으로 들어가는 데 실패한 다음의 이야기 진행은 아기돼지를 집밖으로 유인해내는 것이다. 이 유인작전도 반복성을 보인다. 여기서도 세 번을 같은 형식의 구성으로 이야기가 진행되다가 세 번째 끝에 가서 결정적으로 늑대와 아기돼지의 판세가 뒤집히는 형국으로 끝이 난다.

아이들로서는 반복되는 어휘를 이야기해주는 어른 대신 큰 소리로 외칠 수도 있다.

> "아기돼지야, 아기돼지야 문 좀 열어."
> "아니 아니, 안 열어. 절대로 안 열어."
> "안 열면 훅 훅 불어버릴 거야. 후우훅 불어서 집을 날려버릴 거야."

이와 같은 아이들이 소리 내어 입말로 즐기기 좋은 구절이 반복된다. 원래 큰소리로 입에 올리는 반복구절은 리듬을 만들어내어 재미있다. 영어로 적으면 더 재미있다. 어린아이들의 입장에서 이 구절은 아기돼지 삼형제 이야기의 백미라고 할 수 있는 부분이다.

"Little pig, little pig, let me come in."

"No, no, by the hair of my chiny-chin-chin."

"Then I'll huff, and I'll puff, and I'll blow your house in."

도로시 드 윗은 들려주기 좋은 옛이야기를 고를 때 몇 가지 우선적으로 점검해볼 특징을 제시하고 있다.(Dorothy de Wit. 1979. p.9-10) 하나의 이야기에 몇 개의 특징이 들어 있으면 이야기해주기에 아주 좋은 이야기이다.

첫째로, 이야기의 도입이 어떤가를 본다. 도입이 하나의 문화를 전제하는 특정한 것일 수도 있고, 어떤 특정한 그룹을 위한 것이 아니라 일반적인 것일 수도 있다. "옛날에 아르메니아 사람이 살았는데……."라든가, "옛날옛날 아주 먼 옛날에……."가 그것이다.

둘째로, 이야기의 결말이 들려주기 좋은 자료인가를 나타내는 지표일 수 있다.

① "싹싹 쏙쏙 이야기 끝-"과 같은 운이 있는 이야기(스칸디나비아 이야기), "구두수선이 끝났다. 이야기도 끝났다."(스페인 이야기)

② 추측이 포함된 이야기. "그 사람들이 가지 않았다면 아직도 거기 있을 거예요."

③ 소원이 들어 있는 이야기. "그리고 결혼을 해서 둘이서 행복하게 살았대요. ……. 우리도 행복하게 아주 잘 살겠지요."

④ 의례적인 결말로 끝나는 이야기. "축하해요. 축하해요." 혹은 "슬퍼요. 슬퍼요."(일본 이야기) 등등

셋째, 들려주기 좋은 이야기의 공통점은 듣는 아이들의 흥미를 포착하고 증가시키는 질문을 한다. "장화를 신은 고양이가 괴물을 혼내줄 수 있다고 생각하세요? 어디, 그렇게 되는지 볼까요."

넷째 기준은, 앞에서 언급한 바에서처럼 반복을 지속해서 사용하는 것이다.

"또 당신인가요?"

"네 그래요."

"또 당신은 내 덮개를 훔쳤나요?"

"네 그래요."

"또 당신은 내 귀여운 보아(뱀)을 보러왔어요?"

"네 그래요."

"또다시 올 거예요?"

"네 물론이죠."

다섯째, 짧은 시(詩)적 표현이 들어 있는 이야기 혹은 운율이 있는 이야기이다. "넙치야, 넙치야, 바다 속의 넙치야. 제발 좀 내 말 들어라……."

시 종류의 운문을 읽어준다

이야기하기에 적절한 이야기는 읽어주기에도 좋다. 말로 이야기하는 것이나 읽어주는 것이나 소리로 듣는다는 점에서 같기

때문이다. 그러나 말로 이야기하면 별로 성공할 가능성이 적지만 읽어주기 하기에는 적절한 글, 책이 있다. 어떤 것일까? 필자는 시(詩) 종류의 운문을 꼽는다.

운문으로 된 글을 읽지 않고 외워서 들려주는 것을 잘해낸다면 일품의 연기가 될 것이다. 시낭송가라고 적은 명함을 받은 적이 있는데 이런 직함이 있다는 것은 운문을 낭송하는 것이 그만큼 전문성을 요구하는 일이라는 것을 시사한다. 시낭송가의 시 들려주기는 목소리를 내는 데 고도한 세련성을 갖춘다. 그러나 그들도 대중 앞에서 시를 낭송할 때는 시 전문을 적은 메모를 보면서 낭송하는 경우가 대부분이다.

시는 짧지만 자구대로 외우거나 읽어야 시로서의 가치를 구현하는 것이므로 부모들이 아이에게 시를 들려줄 때는 거의 대부분 읽어주기로 하게 된다. 시 자체에 리듬, 운율이 있고 언어의 미려한 아름다움을 느낄 수 있는 문학장르가 시이다. 동시에 시는 가장 집약된 언어예술이다.

아이들에게 있어서 시는 문학으로 통하는 관문이다. 아이들은 집중시간이 짧고 감성에 잘 움직이고 깊은 관념적 사고보다는 눈에 보이는 움직임과 유머를 좋아한다. 시 특히 동요, 동시는 이러한 아이들의 성향과 잘 맞는다. 주지주의 상징시나 글자배열을 통해 시각적 효과를 높이려는 목적으로 쓴 시의 경우는 그렇지 않지만 대부분의 시 종류의 문학작품이 갖는 글의 특성은 아이들의 성향과 잘 맞는다. 아이들은 다른 어떤 장르의 문학보다 쉽게 접근하고 쉽게 친숙해질 수 있다.

이런 이유 때문에 시는 문학의 맛을 알고 좋아하게 하는 초입의 문이다. 아이들에게 시를 많이 읽어주면 틀림없이 시를 좋아하고 나아가 문학을 좋아하는 성향을 기를 수가 있다.

우리 집 뒤에 작은 공원이 있다. 도심에 있는 공원이어서 구청에서 공원 관리에 신경을 많이 쓴다. 산책로와 기다란 의자가 여기저기 있다. 여러 가지 운동기구와 걷기운동을 할 수 있는 트랙도 만들어놓았다. 그리고 그 주변에 큰 돌을 세우고 돌의 한 면을 반들반들하게 갈아내고 시를 새겨 놓았다. 윤동주의 "서시", 박목월의 "나그네", 김소월의 "진달래", 푸쉬킨의 …… 등 필자가 중학생일 때 많이 읽고 외웠던 시편들이다.

사람들의 발길이 뜸한 어느 날 오후 머리가 희끗희끗한 부인이 이 시비들을 하나씩 읽고 또 읽는 듯 멈추어 섰다가 옮기고 멈추어 섰다가 옮기고 하더니 내가 앉은 벤치로 와서 나를 바라보았다. 앉아도 되겠느냐는 질문이었다. 그분의 말없는 질문에 나는 소리 내어 명랑하게 대답했다. "아, 물론 앉으세요. 환영입니다."

그 늙수룩한 부인은 젊었을 때 외국으로 유학을 가서 화학을 공부하고 그 곳 연구소에서 직업을 얻어 얼마 전까지 일했다고 한다. 그 부인은 외국기관에서 그 나라 사람들과 그 나라 말로 연구하여 경쟁하는 것이 기쁨도 있었지만 힘들고 고달팠는데 위안이 되었던 것이 쉬는 날 시집이나 수필, 짧은 단편소설들을 읽는 것이었다고 했다.

그런데 지금 여기 공원에 와서 돌에 새겨진 그 옛날 애송했던 시들이 모여 있는 것을 보니 새삼 느껴지는 것이 있다고 조용조용, 그러나 상기되어 빠른 어조로 말하였다. 그것은 옛날 여학교 시절에 이런 시들을 좋아해서 친구들과 같이 외우면서 놀았던 것이 씨가 되어, 자신의 메마른 외국생활에서도 문학작품을 읽을 수 있었고, 마음의 여유를 가질 수 있었던 것 같다는 것이다. 나로서는 시를 읽는 것이 어떤 효과를 내는가의 한 예를 발견한 것이다.

동시, 동요뿐 아니라 명작의 옛시조, 구전동요는 모든 글로 된 자료 중에 으뜸가는 읽어주기 자료이다. 창작동요나 구전동요는 정형시이기 때문에 곡을 붙여서 노래로 부르고 율동에 맞추어 부르기에 좋다. 동시는 동요와 달리 정형시가 아니지만 동요와 동시는 둘 다 다른 문학장르에 없는 외형적 특징을 지니고 있다.

첫째, 다른 장르에 비해 짧아서 집중시간이 짧은 어린이들에게 읽어주기에 적합한 형식이다. 자투리 시간을 이용하기에도 좋다.

둘째, 문학작품으로서의 운문으로 된 시 종류는 리듬(rhythm)과 소리(sound)를 선택하고 배열하여 음악성을 높이는 특징이 있다. 어린아이들은 읽어주는 내용의 의미보다도 그 흐르는 듯한 리듬과 소리를 즐겨하기 때문에 읽어주고, 여러 가지 형태로 같이 읽으며 즐길 수 있다. 한 소절씩 번차례로 읽기, 한 사람이 선창하고 다른 사람들이 뒤따라 읽기, 윤창으로 읽기,

문답으로 읽기, 함께 읽기 등등이 그 방법이다.

김숙경은 구하기 힘든 구전의 동요나 놀이노래를 수집한 책을 내었다. 노랫말에 악보까지 넣어주어서 참고할 만하다.(2책, 1993, 2001) 또 유창근이 엮은 *전래동요*(1999), 편해문의 *가자가자 감나무*(1998)도 손 가까이 두고 이용할 만한 수집자료이다.

그러나 모든 동시가 그런 것은 아니다. 적합하다는 표현은 리듬과 소리의 음악성을 잘 살렸으면서 움직임이 있는 동시, 감성으로 접근하는 동시, 특히 유머가 있는 동시가 그런 것이다.

아이들은 어른과 달리 계속 몸을 움직인다. 움직인다는 것은 아이됨의 속성이다. 그래서 아이들은 움직임이 있는 동시를 좋아한다. 또 아이들은 어른에 비해 훨씬 더 감성적인데 다른 장르에 비하여 시 종류의 문학작품이 감성적이고 동요, 동시는 더욱 그렇다.

아이들이 좋아하는 글에 유머를 뺄 수 없다. 재미가 있을 때 마음이 움직인다. 율동감이 넘치는 서정시, 유머 감각이 뛰어난 동요는 읽어주기 좋은 작품들이다.

독자들 중에는 동시가 아이들의 마음을 사로잡을 만한 특징이 있는데 '왜 많이 읽히지 않는가?' 하는 의문을 가질 수 있다. 그것은 아이 됨의 속성이나 아이가 좋아하는 성향을 무시하고 어른 중심의 생각에서 동시를 지었기 때문이라고 생각한다.

모든 예술작품에서 그렇듯이 작품이 대상으로 하는 독자의 생활과 정서에 딱 들어맞는 내용이 공감을 얻기 쉽다는 아주 상식적인 기준을 무시한 작품일 때 외면당하는 것이다. 아이들의 생활과 정서에서 동떨어진 어른의 것을 표현한 것이라면 아이들이 이해하기 어렵다. 의외로 동시로 쓰여진 시가 음미해 보면 실은 어른의 마음을 동시로 포장한 것이 많다.

아마도 아이들이 시를 즐기지 않는 더 큰 이유는 학교교육에 있을 것이다. 학교에서는 아이들이 시를 읽도록 권장하지 않고 오히려 시를 외면하게 만든다. 시 읽기는 어느 정해진 기간에 공부하여 끝내는 것이 아니고 늘 생활 속에 스며 있도록 해야 한다. 자주 읽도록 분위기를 조성하는 것이 중요하다.

다음에 열거하는 항목들은 학교에서 아이들이 시를 좋아하지 않게 하는 대표적인 예들이다. 누구든지 학생시절 시 공부에 대한 기억을 회상하면 여기 열거한 예 중에 생각나는 것이 있을 것이다.

① 시를 외우도록 숙제를 내고 교실 앞 등 여러 사람 앞에서 암송하도록 한다.
② 시를 구절구절 분석하여 그 깊은 의미를 설명한다.
③ 모든 시에서 상징, 비유, 은유, 운 등을 지적하게 한다.
④ 시의 리듬의 모형, 운율의 구조에 대해 시험을 치른다.
⑤ 시를 너무 드물게 읽는다. 한 달에 한 번 정도 시 읽기 시간을 갖는 것은 시의 맛을 알리는 방법이 아니다.
⑥ 공책에 지루한 시를 베끼게 한다.
⑦ 모든 학생이 시집을 읽고 시 감상문 쓰기 숙제를 하게 한다.

⑧ 시를 의무로 쓰게 한다.

내가 즐기는 이야기를 해주거나 읽어준다

이야기해주기 또는 읽어주기 시간을 정기적인 프로그램으로 시작하는 부모들은 역시 부모 자신들의 구미에 맞는 이야기를 선택하는 것이 좋다. 자신이 좋아하는 이야기를 해주는 것이 연기를 잘할 수 있다는 점에서 유리하기 때문이다. 자신이 잘 아는, 좋아하는 이야기는 정말 재미있게 해줄 수 있다.

그러나 차츰차츰 아이가 어떤 것에 관심을 가지고 있나를 살피게 되고 거기에 맞는 이야기를 선택해나가게 될 것이다. 읽어줄 때도 마찬가지이다.

두드러지게 잘 아는 혹은 좋아하는 이야기가 없을 때는 전래동화집에서 한두 편을 골라 자신이 말하기에 좋도록 개작을 하고 잘 되도록 여러 번 읽으면서 고치면 그 작품을 잘 알게 되고 이야기의 순서도 잘 기억된다. 아니면 도서관이나 서점에서 이책 저책 많이 읽고 마음에 드는 것을 몇 권 선택할 수 있다.

이런 정도의 노력을 할 수 있으면 장차 이야기꾼이 되어 아이를 가르치기에 충분한 부모이다. 어린아이들에게는 같은 이야기를 여러 번 사용하는 것이 좋고 여러 번 이야기하는 동안 이야기하는 연습이 되어 점점 세련되게 할 수 있다.

다양한 레퍼토리를 위해서는 전래동화집의 여러 작품을 자기 식으로 이야기하기에 알맞게 다시 써보면 된다. 읽어줄 때도 자신이 직접 개작한 것을 읽으면 더 실감나게 읽을 수 있다.

아이들은 그 이야기의 내용과 이야기하는 엄마 또는 아빠의 목소리 변화, 표정, 태도, 신바람에 빠져서 즐거워하고 감명을 받는다. 물론 더 해달라고 조르기도 하고 그것이 아니라도 다음 이야기 시간을 기다리게 된다.

나이와 성장단계를 고려한다

이야기의 선택은 들려줄 아이가 얼마나 알아들을 수 있을까를 생각하여 고르게 되는 것이 일반적이다. 그러나 바로 태어난 아기라거나 아주 어린 아기라면 이야기해줄 이야기의 난이도나 읽어줄 글의 내용을 생각할 필요가 없다. 이런 아기들은 그냥 안아주고 토닥거려주면서 정다운 표정으로 아무 이야기나 해주면 된다.

어떤 대학원생 엄마는 아기를 돌보랴, 공부하랴, 장 보고 식사준비하고 빨래하랴 너무 바빴다고 한다. 이 대학원생은 아기에게 무엇을 읽어주어야 한다는 것을 공부한 적도, 아는 바도 없었는데, 아기를 돌보기는 해야 하겠고 시간은 모자라서 할 수 없이 아기를 무릎에 앉히고 전공책을 소리 내어 읽었다고 한다.

아기는 엄마의 무릎에 앉아 젖병을 빨며 엄마의 목소리를 즐길 뿐 읽는 내용을 이해하려는 것이 아니므로 울지도 않고 아주 만족해하더라는 것이다. 이 대학원생 엄마는 아기에게 읽어주기를 제대로 한 것이다.

아기가 일상생활의 말을 할 줄은 모르나 알아들을 정도의 나이가 되면 읽어줄 책들이 아주 많다. 유아를 대상으로 한 그림책들이 도서관과 서점에 많이 나와 있다. 이 책의 7장은 구체적으로 책들을 소개하는 장으로 편하였다.

아기를 돌볼 때 책을 사용한다면 책을 가지고 읽어주며 노는 것이지만 이야기를 들려주는 것은 아기와 이야기하면서 놀아주는 것이다. 이야기를 해주는 것은 읽어주는 것보다 훨씬 더 자유롭게 아이와 놀이를 할 수가 있다.

다음의 예는 "하나 하면 할머니가 지팡이를 집는다고 잘잘잘 / 둘 하면 두부장수 종을 친다고 잘잘잘……." 하는 구전동요를 본떠서 만든 동요이다.

하나 하면 엄지발가락이 잘잘잘 (아기의 엄지발가락을 꼭 잡는다.)
둘 하면 검지발가락이 잘잘잘 (아기의 검지발가락을 꼭 잡는다.)
셋 하면 장지발가락이 잘잘잘 (아기의 장지발가락을 꼭 잡는다.)
넷 하면 약지발가락이 잘잘잘 (아기의 약지발가락을 꼭 잡는다.)
다섯 하면 새끼발가락이 잘잘잘 (아기의 새끼발가락을 꼭 잡는다.)
우리아기 발바닥은 떡두꺼비 발바닥 (발바닥 용천을 꾹꾹 누른다.)

다음에는 다른 발로 옮겨서 노래하듯 같은 말을 반복 또는 변형하여 부르고 마지막 구절에서는 아기의 발바닥을 간질간질한다. 아기가 발버둥을 치며 웃어댈 것이다. 이런 이야기를 하면서 놀아주기를 반복하면 아기가 입이 떨어져서 말을 하게 될 때 엄마를 따라서 큰소리로 외치면서 놀게 된다. 두 번째 다른 발의 발가락놀이도 적어보자. 끝에 반복되는 '잘잘잘'을 변형할 수도 있다.

하나 하면 엄지발가락이 장장장 (아기의 엄지발가락을 꼭 잡는다.)
둘 하면 검지발가락이 징징징 (아기의 검지발가락을 꼭 잡는다.)
셋 하면 장지발가락이 쟁쟁쟁 (아기의 장지발가락을 꼭 잡는다.)
넷 하면 약지발가락이 종종종 (아기의 약지발가락을 꼭 잡는다.)
다섯 하면 새끼발가락이 잘잘잘 (아기의 새끼발가락을 꼭 잡는다.)
우리아기 발바닥은 떡두꺼비 발바닥 (아기의 발바닥을 간질인다.)

아기의 발가락을 꼭 잡는 대신 발가락을 감아 쥐고 약간의 힘을 주어 발가락 끝 쪽으로 쓸어내리는 것도 좋다. 이런 동작들은 아기의 발가락을 마사지해주는 동작이기도 하다.

아기는 몸을 접촉하며 노는 것을 즐긴다는 것을 염두에 두고 구전동요집이나 구비문학전집 등의 자료에서 말놀이 동요를 찾아보고 힌트를 얻어 아이디어를 내는 것도 좋은 방법이다.

아기가 아장아장 걸어다니며 말을 하기 시작하면 놀라울 정도로 어휘를 빨리 습득하게 된다. 이 때는 옛이야기, 동요, 동시를 비롯하여 엄마 아빠의 노력에 따라 다양한 이야깃거리를 마련하는 것이 과제이다. 읽을거리 마련이나 이야기 소재는 그림책을 섭렵하는 것이 가장 쉬운 방법이다.

1990년대 이후 우리나라의 어린이 출판계는 이러한 부모들의 필요에 충분한 자료를 제공한다. 또 옛날과 달라서 요즈음은 도서관들도 아동자료 구비에 소홀하지 않다. 더욱이 도서관은 자료를 누적하기 때문에 서점에 없는 오래된 자료를 소장하고 있어서 책을 고르기에 좋다.

또 담당 사서는 좋은 책을 선택하려는 고객에게 상담을 제공하는 것이 그 본분이므로 부모들은 마음 놓고 도서관을 이용하는 것이 좋겠다. 도서관은 사람들이 많이 이용하면 할수록 풍부한 자료를 구비하게 되는 곳이다. 마치 가게에 손님이 많으면 많을수록 번창하는 것과 같다.

아기가 자라서 유아원이나 유치원에 갈 나이가 되고 이후에는 초등학교에 입학한다. 이야기해주기나 읽어주기를 해주는 가정의 아이는 글을 가르치지 않아도 학교 가기 전에 동화책을 읽기도 한다. 물론 학교에 입학한 후에 글을 읽기 시작하는 아이도 많이 있다. 어느 경우이거나 읽는다는 것은,

① 글자를 읽을 수 있다는 것인데,

② 그 글자들의 뜻을 모르고 한자 한자 읽는 것이 아니라 의미를 알면서 읽는 것이다.

③ 의미를 알면서 읽는다는 것은 아이의 두뇌 회전이나 두뇌에 저장된 배경지식이 동화책에 나오는 내용을 이해하고 음미할 만큼 되어 있다는 의미이다.(2장 왜 이야기해주기, 읽어주기를 해야 하는가? p.39-46 참조)

즉 ②와 ③의 내용이 먼저 수행된 후에 글을 읽을 수 있게 된 경우는 명실 공히 글을 읽을 수 있는 상태이다. 이 정도로 글과 친해지고 책과 친해진 아이들에게 어떤 이야기를 들려주고 어떤 책을 읽어주면 좋을까?

이야기하기나 읽어주기의 대상이 누구냐에 따라, 또 어떤 절기에, 어떤 환경에서, 어떤 일을 하게 될 때 등등에 따라 적절한 이야기를 선택하는 것이 아무 생각 없이 이야기나 책을 선택하는 것보다 훨씬 효과적이다. 이야기해줄 자료나 읽어줄 책을 고를 때 다음의 경우를 고려하는 것이 도움이 된다.

아이의 경험을 고려한다

학교는 아이들을 가르치는 교육기관이다. 학교의 선생님은 무엇을 가르쳐야 하나, 그것을 왜 가르쳐야 하나, 또 그것을 어떻게 가르쳐야 하나에 대해서 잘 알고 가르치는 일을 담당하는 분이다. 아이들은 선생님의 이야기를 듣고 추천하는 책을 읽고 그 외에 하라고 이르는 것을 하면서 배운다.

그러면서도 아이들은 학교공부와 관련이 있는 일이거나 아니거나 개인적으로 경험을 하게 될 때 그 경험을 통해서 배운다. 어떤 경우는 오히려 학교에서보다 아이 자신의 경험을 통해 더 확실하게 배운다.

경험이란 일종의 스승이다. 그런데 아이들은 언제나 경험한 것에서 유용한 배움을 얻는 것은 아니다. 만일 가르치는 전문가인 선생님이 아이의 경험과 가르칠 내용을 접목시켜서 가르친다면 아이는 정말 잘 배울 것이다. 그러나 많은 학생을 대하는 선생님은 부모가 자기 아이를 아는 것같이 모든 학생에 대해 잘 알기 힘들다.

부모는 내 아이의 일상의 경험을 학교 선생님보다 더 잘 알 수 있는 기회가 많다. 부모가 특별히 유념해서 아이의 일상을 관찰하고 아이가 경험한 것에 관련하는 책을 읽어준다거나 이야기를 해준다면 아이가 더 잘 배울 수 있다.

아이가 경험한 일이라면, 실수로 사고를 냈다거나 실패나 성공한 경험, 즐거웠던 일이나 슬펐던 일 등등 먼 과거로 거슬러 올라가면 기억도 흐리고 실감도 덜 날 것이므로 최근에 있었던 일이면 더 좋을 것이다. 그 어떤 일과 유사성이 있는 이야기를 지어내서 이야기로 들려주거나 그 경험과 유사한 이야기의 책을 찾아서 읽어주면 좋을 것이다.

이야기를 지어낼 때 누가 보아도 엄마가 아이를 가르치려고 교훈한다는 인상을 주는 이야기로 지어내면 안 될 것이다. 가장 좋기는 엄마 자신의 어린 시절 겪었던 유사한 이야기를 솔직하게 들려주면서 그 일에 대해 어른이 되어 생각하는 의견을 말해주는 방식이 좋다. 이럴 때 아이는 허심탄회한 심경으로 마음을 열고 자기 의견을 말하고 부모의 이야기를 경청한다.

훈이는 7살 난 사내 아이였다. 가을에 엄마가 고추를 손질하고 있었다. 훈이도 옆에서 참견하며 엄마를 도와 고추 꼭지를 따겠다고 했다. 엄마는 매워서 안 되니 다른 데 멀찌감치 떨어져 놀라고 했다. 그러나 훈이는 자기도 고추 꼭지를 꼭 따고 싶어서 엄마 말씀을 듣지 않았다.

조금 후 훈이는 자기도 모르게 고추 만진 손으로 눈을 비볐다. 눈이 맵고 아파서 펄쩍펄쩍 뛰었다. 엄마 손도 고추 만진 손이므로 엄마 손을 먼저 씻어내고 훈이의 눈을 씻어주려니 시간이 지체되었다. 물로 닦고 또 비누칠을 하고 물로 닦고 그래도 눈은 확확 거렸다.

"엄마, 나 죽어?"

"아니, 괜찮아질 거야. 기다려봐. 다시 한번 맑은 물에 씻어보자."

이런 경험이 있은 후 엄마는 이야기 주제를 고추로 잡았다. 이야기해줄 내용을 모으기 위해 백과사전에서 고추라는 항목을 검색해보았으나 일곱 살 어린 훈이에게는 적합하지 않은 내용이었다. 엄마는 인터넷에서 한국언론협회의 신문검색 사이트(www.kinds.or.kr)도 고추라는 단어로 검색해보았다. 혹시 훈이에게 이야기해주는 데 도움이 될 만한 내용이 있으면 공부해둘 생각이었다.

훈이네 집에서 가까운 서울시립 강남도서관 홈페이지의 자료찾기 메뉴에서 고추를 주제로 하는 볼 만한 책이 있나 찾아보니 *숯달고 고추달고*라는 그림책과 *고추서리*라는 96페이지의 이야기책(이 책의 한국 십진분류기호 813.8은 한국소설을 분류하는 기호이고 책의 분량이 96쪽이나 되므로 유추하여 이야기책임을 알 수 있음)이 있다는 것을 알아내었다.

엄마는 *숯달고 고추달고*는 혹시 아기가 새로 태어난다는 이야기가 아닌가 생각되었다. *고추서리*(김은숙, 2003)라는 책을 읽어보면 좋은 이야깃거리가 있을 것 같았다.

도서관에 가서 검토해보니 5편의 짧은 이야기가 들어 있는 동화집이었다. 그 5편 중에 하나가 "고추서리"였다. 이야기로 들려주기보다 읽어주는 것이 나을 것 같았다. 이야기로 들려주려면 이야기를 다시 쓰는 어려운 작업을 해야 하고 연습도 더 많이 해야 하기 때문에 훈이 엄마는 늘 읽어주기를 택한다.

다음날 훈이 엄마는 도서관에서 빌린 *고추서리*를 묵독으로 읽고 또 소리 내서 읽어서 읽어주기 준비를 하였다. 그리고 훈이가 고추 때문에 눈이 매웠던 생생한 경험이 아직 뇌리에서 사라지기 전에 읽어줄 수 있었다.

훈이는 다른 동화도 읽어달라고 했다. 그래서 두 개의 이야기를 더 읽어주었다. "길복이네 송아지"와 "복동이의 설날"이라는 이야기다. 훈이는 "길복이네 송아지" 이야기에서 소가 송아지를 낳는 과정이 신기한지 재미있다고 하였다.

그러나 좀 더 좋은 이야기감을 얻기 위해 훈이 엄마는 어린이

도서관 중에 가장 역사가 오래된 사직어린이도서관 홈페이지의 자료찾기에서 '고추'를 검색하였다. 아, 사직어린이도서관은 훈이네 집에서 차를 타고 가야 하니 곤란하지만 검색 결과는 좋았다.

8권의 책이 소장되어 있고, 그 중에는 전자책이 있어서 집에서도 이용이 가능하였다. *고추잠자리 맴맴*과 *고추랑 마늘이랑*이라는 책이었다. 이 책들이 어떤 책들인지 훈이에게 적절할지를 검토하였다.

*고추잠자리 맴맴*은 고추잠자리 그림으로 숫자를 열까지 공부하는 데 좋은 그림책이고 *고추랑 마늘이랑*은 사진을 찍어서 사실적인 내용으로 고추와 마늘을 설명한 책이었다.

훈이는 매운 것은 못 먹지만 김치조각을 물에 헹구어서 먹는 아이이다. 마침 고추가 어떻게 밭에서 자라서 김치에 넣게 되는지 설명해주는 좋은 책이 *고추랑 마늘이랑*이었다. 훈이는 그날 저녁 컴퓨터 화면에서 엄마가 읽어주시는 *고추랑 마늘이랑*(김종기 글·그림, 2003)이라는 그림책을 보았다. 그리고 엄마가 백과사전, 인터넷 신문검색 등에서 이미 공부해둔 고추의 영양가, 고추가 우리나라에 전래된 유래 등을 이야기로 들었다.

아이가 앞으로 경험할 내용을 고려한다

이야기를 해주거나 읽어주기를 할 때 들려주는 이야기, 읽어주는 책은 이미 경험한 내용에서 고르는 것도 좋으나 가까운 장래에 경험하게 되는 일에 관한 이야기 소재도 좋다.

어린이 뮤지컬, *호두까기 인형*을 보러 가기로 예정되어 있을 때 호두까기 인형의 줄거리를 들려준다. 초등학교에 갈 나이가 다 된 아이라면 그 음악의 배경이나 작곡자에 대한 이야기도 함께 들려줄 수 있을 것이다.

만일 부모가 호두까기 인형에 대해 모를 때는 아이에게 이야기해주기 위해서 훈이 엄마가 했던 것처럼 "아이의 경험을 고려한다"(p.116-118)에서와 같은 방법으로 자료를 모으고 공부해서 이야기를 해주거나 도서관에서 책을 빌려서 읽어줄 것을 추천한다.

아이가 앞으로 경험할 일은 얼마든지 있다. 다음 달 삼촌의 결혼식이 있을 수도 있다. 이야기를 들려줄 아이의 이해도를 고려하여 결혼의 의미에 대해서 이야기해줄 수 있다. 결혼식 절차에 대해서 삼촌과 삼촌모가 될 신부의 예복에 대해서, 식장에 오시는 손님들에 대해서도 이야기할 수 있다.

아울러 도서관이나 서점의 결혼식에 관한 책을 검색하여 그 자료를 토대로 이야기를 꾸미거나 읽어주기를 할 수 있다. *이모의 결혼식*이라는 그림책은 앞으로 얼마 후에 있을 집안의 결혼식에 대해 아이가 가질 수 있는 호기심과 들뜬 마음에 호흡이 잘 맞는 자료라고 생각된다.

가까운 장래에 벌어질 만한 특별한 일이 없을 때 아이가 요즈음 학교에서 무엇을 배우는가 이야기해보고 그 중에서 관심 있어 하는 교과 내용에 관련한 이야기를 마련하여 읽어주기나 이야기해주기를 할 수 있다.

마찬가지로 기독교인이라면 다음 주일날의 교회학교 공과공부에 나오는 성경 이야기도 좋을 것이다. 교회학교 교사들은 대개 공과책의 순서대로 가르치므로 다음 주의 교회학교에서 이야기될 성경 구절과 해당되는 성경 이야기를 미리 알 수 있다.

현재의 일, 환경, 당면 문제 등을 고려한다

이야기하기는 다른 일을 하면서 이야기를 들려줄 수 있다는 점에서 읽어주기를 하는 것보다 편리한 점이 있다. 운전을 하면서, 설거지를 하면서, 뜨개질이나 다림질을 하면서 엄마는 아이에게 이야기를 들려줄 수 있다.

가족이 함께 여행 중이라고 한다면 아빠는 운전을 하고 엄마와 아이들은 차창 밖을 내다보며 밖에 스쳐 지나가는 풍경을 보게 될 것이다. 자동차가 막 지나가는 그 지방의 거리에 유서 깊은 내력의 역사적 사실이 있을 수 있다. 이야기를 들려주는 엄마나 아빠는 이 기회에 이 지방, 혹은 그 거리에 관계되는 이야기를 해준다. 아이들은 보통 때 책상에 앉아서 혹은 식탁의자에 앉아서 이야기를 듣는 것보다 훨씬 실감 나는 이야기를 듣게 되는 것이다.

준호네 식구는 여름방학에 충주 시내에 사시는 고모네 집에서 하룻밤 묵으면서 유명한 월악산에 가기로 하고 자동차로 길을 떠났다. 엄마는 뒷자리 가운데 앉아서 양쪽 자리에 앉은 아이들에게 다음날 가게 될 월악산에 대해서 이야기해주셨다.

충주에 거의 다다랐을 때, 운전을 하시던 아빠가,

"이제 다 왔다. 벌써 탄금대잖아."

하셨다. 엄마는 이 말을 듣고 고개를 들어 왼쪽 창밖을 내다보시며,

"정말, 탄금대네. 얘들아, 아빠 고향이 충주인 아이들은 탄금대에 대해서 알아야 한다."

하시면서 이야기를 시작하였다.

"여기 자동차 길에서는 잘 보이지 않지만 내려서 저쪽으로 조금만 가면 남한강 물줄기가 탄금대 한편으로 흐른다. 강이 보이지. 탄금대가 있는 동 이름은 칠금동이고 대문산에서 흐르듯이 내려와 편편하게 열린 넓은 들인데 여기를 탄금대라고 한단다."

"옛날 통일신라시대부터 이야기가 많은 곳이란다. 사연이 많아. 처음에 엄마는 충주에 우륵당이라는 건물이 있고 우륵제라는 문화행사를 하는 것을 보고 이상하게 생각했지. 왜냐하면 우륵은 가야금을 만든 사람으로 가야는 저 경상도 남쪽 끝에 있던 6개의 부족국가였거든. 그런데 왜 우리나라 중앙지역인 충주에서 우륵당을 짓고 우륵제를 하는지 납득이 가지 않았거든. 알고 보니 사연이 있었던 거란다."

준호 엄마는 탄금대 이야기를 세 가지나 들려주셨다.

그 하나는 우륵 이야기다. 가야는 1,400여 년 전 신라 진흥왕 때 신라가 쳐들어와서 망하였다. 신라는 가야 사람들을 당시 신라의 북쪽 변방인 충주지방에 강제로 이주하여 살게 하였다.

우륵도 가야 사람으로 고향을 떠나 충주지방에 와서 살면서 매일 매일 이 탄금대에 나와 자기가 발명한 가야금을 켜면서 망국의 슬픔을 달랬다고 한다. 그래서 그때부터 이 지역 이름이 가야금을 탄다는 의미의 탄금대로 불리게 되었다는 이야기다.

두 번째 이야기는 조선시대 선조대왕 때 임진왜란이 일어났는데 신립 장군이 탄금대에서 싸우다가 패배한 이야기다. 이때 가토 기요마사와 고니시 유키나가가 이끄는 큰 군대가 거침없이 경상도에서 충주를 거쳐 한양으로 쳐들어오는데 우리나라의 장군은 신립이라는 분이었다.

우리나라 군인은 전쟁 준비를 많이 못해서 전쟁에 서투른데다 군대의 숫자가 적었는데 신립 장군이 여러 부하들의 의견을 듣지 않고, 땅이 질척거리는 탄금대 넓은 들에 진을 치고 싸우다가 크게 패하였다. 일본 군대는 조총을 가지고 있었는데 우리 군대는 말을 타고 활을 쏘니 상대가 되지 않았다고 한다. 그렇지만 신립 장군은 병사들과 함께 죽기까지 싸워서 장렬한 최후를 맞았다고 하는 이야기다.

이 탄금대 벌판에서 조선의 정규군이 패한 후에 선조 임금님은 비빈과 공주, 왕자 들을 데리고 평안도 북쪽 끝에 있는 의주로 피난을 하였다. 선조 임금님이 피난을 가는데 백성들이 머리를 조아리지도 않고 욕설을 하고 돌멩이 같은 것을 던졌다고 한다. 임금님이 정치를 잘못해서 당파싸움만 하다가 일본이 쳐들어온 것에 분통을 터트린 것이다.

셋 번째 이야기는 충혼탑 이야기다. 1950년에 별안간 이북에서 쳐들어오는 통에 한국전쟁이 일어났다. 이북에서 쳐들어오는 공산군을 막기 위해 군인과 경찰, 군속과 노무자들이 싸우다가 많이 죽었다. 우리나라 전체로 치면 말도 못하게 많은 사람들이 죽었으나 충주 출신으로 전쟁에서 죽은 사람들의 넋을 기리기 위해 휴전이 이루어진 후 1956년, 여기 탄금대에 세운 탑이 충혼탑이다. 매년 현충일에 이곳에서 제사를 지낸다고 한다.

이 충혼탑에서 멀지 않은 곳에 충주 출신 항일 시인 권태응 선생의 감자꽃 노래비가 있다. 엄마는 권태응 시인의 "감자꽃"이라는 동시를 소리 내어 읊었다.

> 자주 꽃 핀 건 자주 감자
> 파 보나마나 자주 감자.
> 하얀 꽃 핀 건 하얀 감자
> 파 보나마나 하얀 감자.

"엄마, 탄금대는 슬픈 이야기가 많은 곳이네요."

엄마의 이야기를 듣는 동안 아버지는 자동차를 한편으로 돌리고 브레이크를 잡아 다니셨다. 고모네 집에 도착한 것이었다.

현재의 상황에 잘 맞는 이야기로는 아이가 당면한 문제에 관련하는 이야기를 해주는 것이 실제로 도움이 되기도 한다. 예를 들면 다음과 같은 이야기이다.

예지는 초등학교 1학년이다. 집이 가까이 있으면서 같은 반이 된 준우와 여정이가 함께 학교에 가고 학교가 파하면 함께 집에 오곤 한다. 항상 셋이 붙어다니면서 재미있게 놀았는데 준우와 예지가 짝이 되면서부터 준우와 여정이가 한패가 되어 예지를 놀렸다.

준우는 책상을 거의 혼자 쓰려고 예지가 책상 위에 올려놓은 책과 공책을 반대쪽으로 밀어내고 필통도 조금씩 예지 모르게 다른 곳을 보는 동안 살금살금 밀어서 책상 아래로 떨어뜨렸다. 예지가 항의하자 준우가 약을 올리며 놀려대기 시작했는데 여정이가 준우 편을 들어주며 같이 예지를 놀렸다고 한다.

예지는 속이 상해서 울어버렸다. 그러나 준우와 여정이는 계속해서 "울보예지, 바보예지" 하면서 노는 시간에도 놀리고 학교가 파한 다음 집에 올 때도 놀려대서 예지는 집에 들어서자마자 가방을 동댕이치고 큰소리로 울어댔다.

엄마가 여러 가지로 달랬으나 예지 귀에는 들리지 않았다. 울다가 제풀에 울음을 멈추고 엄마에게 받아쓰기 숙제를 하자고 했다. 받아쓰기를 다 한 다음 엄마가 물었다.

"오늘은 기분 나빠서 나가 놀 생각이 없니? 아마도 준우가 미안해서 지금쯤은 예지에게 사과할 거야. 그러면 여정이도 예지를 놀리지 않을 걸."

예지는 단호하게 그렇지 않다고 말했다.

"아마 준우가 자전거를 여정이만 태워주고 나를 따돌릴 걸. 나는 그 애들이 노는 마당에 가지 않을래. 엄마, 나 숙제

다했으니 이제 텔레비전 볼래요."

예지 엄마는 대답 대신 다른 이야기를 꺼냈다.

"우리 감자전 만들어서 저녁 먹자. 예지야, 감자껍질 벗기는 것 좀 도와줄래? 강판에 가는 건 엄마가 할께."

아예 기분이 나지 않아 축 쳐져 있던 예지가 감자껍질을 벗기게 되어 조금 생기가 났다. 예지는 얇은 숟가락으로 엄마처럼 감자껍질을 벗기다가 잘 안 되니까 감자 깎기 칼을 쓰겠다고 했다. 다른 때 같으면 위험해서 안 된다고 했을 테지만 이번에는 엄마가 조건부로 허락을 하셨다.

"칼은 위험하니 조심해서 조금만 깎아봐라."

예지는 하고 싶은 것이 전에 없이 받아들여지는 것에 기분이 점점 누그러졌다. 점차로 시간이 지나면서 저녁 먹을 때가 되었고 그 때쯤 해서 예지는 기분이 많이 풀어졌지만 그래도 보통 때처럼 명랑하게 재잘거리지 않았다.

목욕을 하고 잘 시간이 가까워지면 예지는 언제나 엄마가 책 읽어주는 소리를 들으며 잠들곤 했는데 오늘은 그림책 한 권을 읽고 엄마의 이야기를 들었다. 예지 엄마가 들려준 이야기 줄거리는 대략 다음과 같다.

◇ ◇ ◇ ◇ ◇

어느 마을에 수영이라는 이름의 여자아이가 있었는데 그 아이는 아주 친한 친구가 두 명 있었대요. 그 애들 이름이 상희와 희정이라고 하는데 학교에 갈 때도 같이 가고 학교가 파한 후에는 재미나게 이야기하면서 돌아오곤 했어요. 그리고 거의 매일 사방치기 놀이를 하면서 놀았대요.

하루는 희정이가 그 애 엄마가 삼촌 집에 가는데 따라갔기 때문에 수영이와 상희가 둘이서 사방치기 놀이를 했대요. 처음에는 재미나게 잘하다가 상희의 말이 약간 금을 밟았는데 상희가 아니라고 우겨댔대요. 수영이는 꾹 참고 한번 봐주는 셈치고 넘어갔는데 이번에는 상희가 뒤꿈치 쪽의 금을 밟고도 안 밟았다고 우겼어요.

"너 지금 금 밟았다. 죽었어. 내가 할 차례다."

"나는 밟지 않았어. 밟았다는 증거를 대봐."

"증거를 어떻게 대니? 네가 금을 밟고 얼른 발을 옮겨간 걸 내가 봤으니까 네가 금을 밟았다는 거지."

"아니야, 나는 이렇게 다리를 짝 벌리고 짚었는데 어떻게 금을 밟니?"

"아니야, 내가 똑똑히 봤다니까."

수영이와 상희는 옥신각신 싸우다가 정말 서로 틀어졌어요. 상희는 말을 팽개치면서 소리쳤어요.

"그래. 너 혼자 놀아봐. 너같이 밟지 않았는데도 밟았다고 우기는 애하고 어떻게 노니? 희정이도 너하고 놀지 않을 걸. 저번에 네가 희정이 보고도 금 밟았다고 해서 희정이가 골난 거 생각나지? 이제부터 너하고는 안 놀 거야. 나하고 희정이 하고만 놀 테니까. 그런 줄 알어."

이렇게 말하고는 상희가 뒤도 안 돌아보고 집으로 가버렸대.

수영이는 기가 막혀서 울음이 나왔지만 겨우 참고 집으로 돌아와서 방으로 들어가 엉엉 소리내서 울었단다. 물론 엄마가 달랬지. 그래도 수영이는 저녁밥도 안 먹고 막무가내로 울었대.

그런데 다음날 아침 희정이가 수영이네 집 앞에 와서 초인종을 눌렀어요. 수영이 엄마가 현관문을 열고 보니 희정이였어요.

"희정이니? 어서 들어와라. 수영이도 학교에 갈 준비 다 됐다."

그런데 희정이가 들어오지 않고 뒤를 돌아보더래요. 거기 상희가 서서 약간 어색하게 웃더래요. 수영이 엄마가 손짓하며 말씀하셨단다.

"상희도 어서 들어와라. 수영이가 옷 갈아입을 동안 사과 한쪽씩 먹고 가라. 아직 학교 안 늦었으니까."

"상희는 나하고 안 논다더니 왜 왔냐?"

수영이가 사과 한쪽을 집어 무는 상희에게 말하면서 웃더라는 거야. 그런데 상희는 딴청을 하면서 다른 말을 하더래.

"오늘 선생님이 크레파스 가져오라고 하셨는데. 희정아, 너 준비물 챙겼니?"

조금 멋쩍었지만 사이좋게 놀자 뭐 그런 뜻이 아니겠니? 그래서 셋이서 아무 일 없었던 것처럼 또 재미있게 놀았다는 이야기예요. 이야기 끝.

이런 이야기는 문학작품이라고 할 수도 없지만 초등학교

1학년 나이 또래의 여자아이에게는 상당한 효과를 발휘하는 이야기이다. 어떤 경우이거나 그 경우에 비유할 수 있는 이야기를 들으면 지금 당면하고 있는 문제를 객관적으로 조망할 수 있는 기회를 준다. 아이가 감당하기 어려운 어려움을 경험하게 될 때마다 그 경우에 맞는 이야기를 들려주는 것은 상당한 치료 효과를 나타낸다.

누구나 불리하다고 생각되는 어떤 일을 당할 때는 아주 주관적이 되는데 남의 이야기를 들으면 좀 더 객관적인 눈으로 사건을 조망할 수 있게 된다. 그리고 그 객관적인 조망에 비추어 자신의 문제를 생각하게 되기 때문에 너그러운 마음으로 깨닫고 느끼게 된다.

5

이야기해주기, 읽어주기를 잘하는 방법

부모들은 직업적인 동화구연가로 활동하려고 하는 사람이 아니라도 이야기해주기, 읽어주기를 잘하는 방법을 알아두는 것이 좋다. 부모는 아이들에게 이야기를 해주고 책을 읽어주어야 할 뿐만 아니라 이야기를 재미있게 잘하고 읽어주기도 재미있게 잘 읽어주어야 하기 때문이다.

이야기 잘하는 방법을 배우면 물론 읽어주기도 동시에 잘하게 된다. 그 기법이 거의 같기 때문이다. 뿐만 아니라 동화구연을 공부하면 덤으로 오는 이점도 쏠쏠하다.

구연가들은 발성법을 연습으로 익혀서 목소리 흉내가 자유롭다. 긴 말을 한숨에 할 수 있고 발음이 명확하고 똑똑하다. 그래서 대중 앞에서 이야기할 때는 물론 사사로이 대화할 때도 말을 잘한다. 듣는 사람이 말하는 요지를 쉽게 그리고 재미있게 뉘앙스까지 잘 알아듣고 즐기게 된다.

말을 잘하면 다른 사람과 의사소통을 잘하고 다른 사람을 설득하는 데 유리하다. 필자가 아는 동화구연가들은 대개가 명랑하고 사고방식이 긍정적이다. 왜 그럴까 생각해보니 다른 사람과 어울리는 말의 기술이 남 달라서 주위 사람과 잘 어울리고 시간을 즐겁게 보내기 때문인 것 같다. 이야기하는 방법에 관심을 가지고 공부하면 사회생활에서도 도움이 되는 부분이 크다.

또 구연가가 되기 위한 발성법에는 호흡을 조절하는 연습이 필요한데 이것은 요가나 단전호흡을 하는 사람들의 기법과 비슷해서 구연을 공부하면 자연히 건강에도 도움이 된다. 그러나 이 책에서 의도하는 것은 아이들에게 이야기를 들려주고 책을 읽어줄 때 실감나게 하려는 데 목적이 있다.

이야기하는 사람, 읽어주는 사람은 아이가 이야기를 듣고 싶은 생각이 들고 이야기 시간을 기다리게 해야 성공할 수 있다. 재미있고 좋은 이야기를 생생하게 잘 들려주는 것이 아이들을 끌 수 있는 방법이다. 어떻게 하면 좋을까?

들려주기 위한 이야기의 손질

들려줄 이야기를 책에서 선택한 경우(실제로는 대부분이 책에서 고르게 된다.)에는 그 이야기가 음성으로 듣는 데 적합하도록 고치는 과정을 거친다. 글에는 귀로 들어서 더 분명하고 효과적인 문장이 있다. 이야기할 때 대본으로 쓰일 글은 이런 문장으로 되어 있어야 한다. 읽어줄 책을 선택할 때도 귀로 들어서 분명하고 효과적인 문장으로 되어 있는가 하는 것이 중요하다. 읽어주는 것도 말로 하는 이야기를 듣는 것과 같이 소리로 전달되는 것을 듣는 것이다.

이야기를 해주거나 읽어줄 이야기를 고를 때 이야기 대본으로 좋은가 또는 읽어주기에 좋은가를 살필 때 그 작품의 줄거리, 인물, 테마 등 다른 문학적 측면을 동시에 고려한다. 다른 여러 요소가 월등히 좋을 경우에도 그 작품이 소리로 듣기보다 눈으로 읽기에 알맞게 쓰인 것이 많다.

또 어떤 작품은 일정한 연령의 아이들을 대상으로 이야기하기에는 적합하지 않은 표현들이 있을 수 있다. 어휘가 아이의 연령층에 맞아야 함은 물론이다. 이 말은 어려운 말을 사용해서는 안 된다는 의미에 더하여 어린아이의 심리적 성장단계도 고려한다는 뜻이다.

예를 들어 열 살의 주인공을 '조그만' 소녀라고 표현하면 초등학생들을 대상으로 하는 글에서는 잘못된 표현이다. 이 아이들은 자신들이 조그맣다고 생각하지 않기 때문이다. 그러나 유치원 아이들에게 이야기에 나오는 소년을 '조그만' 소년이라고 표현하면 잘 먹혀든다. 왜냐하면 이 또래 아이들은 자신을 조그맣다고 보기 때문이다.

들려주기 위한 이야기의 손질은 눈으로 읽기에는 좋더라도 듣기에는 적절하지 않은 글 또는 글의 길이가 대상이 되는 아이들에게 적합하지 않은 글 등을 손질하여 고치는 것이다. 대부분이 짧은 것을 늘이기보다 너무 긴 이야기를 짧게 줄이면서 반복 구조나 대화를 많이 넣는 등 구연에 적합한 문장으로 고치는 경우가 많다.

실제로 해보면 이야기를 줄이는 것이 늘리는 것보다 쉽게 할 수 있다. 짧은 이야기를 길게 늘이려면 상상력을 비롯한 이야기의 구성능력 등 창의적인 글쓰기 능력이 상당히 필요하다.

들려주기 위한 이야기의 손질에서 제일 먼저 할 일은 선택한 이야기를 분석하는 것이다. 이야기 줄거리는 무엇인가? 이야기의 클라이맥스로 향하는 꼭 필요한 사건은 어떤 것인가? 사건 내에서 행동하는 인물의 행위와 대화에서 꼭 필요한 부분은 어떤 것들인가? 글 전체에서 꼭 필요한 기술은 어떤 것들인가? 등을 스스로 질문해보고 답을 찾는다.

분석은 꼭 필요한 부분과 덜 필요한 부분을 구분하는 작업이다. 클라이맥스로 가는 과정에서 필요한 것은 보존한다. 두 개 또는 세 개의 사건이 있다면 하나를 택한다.

그 하나의 사건의 기술에서도, 글이 단순 명료하지 못하고, 너무 많은 형용사나 부사를 사용한 경우, 형용사나 부사를 간략하게 줄이고 첨가되어 있는 곁다리 말들은 잘라낸다. 설명문에서 이중 삼중으로 부언한 문장은 그 중 하나를 택한다. 문장의 세세한 설명을 너무 건조하지 않을 정도로 간략하게 줄인다.

줄거리가 단순하게 되려면 등장인물의 숫자가 적은 것이 좋다. 또 설명은 등장인물, 특히 주인공의 입장에서 설명하는 것이 좋다. 설명하는 입장이 이리저리 바뀌면 아이들은 혼돈되기 쉽다.

이야기를 분석하여 줄이면, 이야기 전체는 원작에서 사용한 어투를 그대로 유지하지만 가능한 한 단순한 언어로 바꾸게 된다. 너무 어렵거나 전문적인 용어, 외래어 등을 평이한 것으로, 복잡한 이미지는 단순하고 친숙한 것으로 바꾸게 된다. 항상 염두에 두어야 할 것은 클라이맥스, 그 이야기에서 가장 극적인 지점이 거의 마지막 부분에 온다는 것이다.

이야기하기에 좋은 글은 그 구조나 표현형식에서 옛이야기와 유사한 글이다. 다음의 예는 한상수의 *옛날 옛적 이야기*라는 옛이야기 모음집에 수록된 "꼬리 물린 호랑이"의 전문이다. 이 글은 이야기로 들려줄 것을 염두에 두고 쓴 글이 아니고 구전되어 내려오는 이야기를 글로 엮은 것이다. 먼저 한상수의 원래 글을 제시하고 다시 길이를 줄이고 읽어주기 좋은 형식으로 고쳐 적어보기로 한다.

원래의 글을 손질하여 다시 쓰는 것은 쓰는 사람마다 조금씩 다르게 된다. 그러나 위에 열거한 손질의 원칙을 준수하면서 다시 쓰면 이야기가 더 단순하고 직설적인 표현에 극적인 재미를 느낄 수 있는 이야기가 될 것이다.

◇ ◇ ◇ ◇ ◇

꼬리 물린 호랑이 (한상수. 1991. p.166-170)

옛날 어느 곳에 호랑이가 한 마리 살고 있었다.

호랑이는 배가 고파서 산속을 이리저리 헤매다가 토끼를 만났다.

호랑이는 더 생각할 것 없이 입맛을 쩍쩍 다시며 토끼 앞으로 갔다.

"토끼야, 너 잘 만났다. 지금 내가 배가 고파서 미안하지만 너를 잡아먹어야겠다."

호랑이는 참 잘 만났다는 듯이 싱글벙글 웃으며 말했다.

이 말을 들은 토끼는 질겁을 하며,

"호랑이님, 그 무슨 말씀입니까? 호랑이님과 나와는 오랫동안 친한 사이인데, 저를 잡아먹으면 어떻게 합니까? 그리고 저같이 조그만 것을 잡아먹어서 배가 부르겠습니까? 그러지 마시고 제가 아주 맛있는 것을 갖다드릴 테니, 그것이나 잡수십시오."

"맛있는 것?"

"맛있다뿐입니까. 둘이 먹다가 하나가 죽어도 모른단 말입니다."

"흐응 그래?"

호랑이가 흐뭇해하는 것을 본 토끼는 얼른 냇가로 가서 반질반질한 돌멩이 열한 개를 주워 가지고 왔다.

"이것을 어떻게 먹느냐?"

"네에, 잠깐 불에 구워서 꿀꺽 삼켜보십시오. 맛도 좋지만, 배가 이만저만 부르지 않습니다."

토끼는 이렇게 말하고 나서 얼른 나무를 주워다가 불을 피우고 돌멩이를 구웠다.

얼마나 구웠던지 돌멩이가 홍시처럼 빨갛게 구워졌다. 토끼는 호랑이한테 절대로 이것을 그냥 먹어서는 안 된다고 하며, 마을에 가서 간장을 얻어올 테니 그것을 가지고 오면 거기다가 찍어 먹으라고 했다.

아까부터 침이 꿀꺽꿀꺽 넘어가던 호랑이는 못 참겠다는 듯이,

"그냥 먹으면 안 되나?"

"그냥 먹다니요?"

"간장 찍어 먹지 않고 말이다."

"그냥 먹어도 좋지만, 거기다 간장을 찍어 먹어야 좋습니다. 그러니까 내가 잠깐 다녀올 테니 한 개라도 그냥 먹어서는 안 됩니다. 여기 모두 열 개가 있으니까 올 때까지 꼭 기다리십시오."

"그래 다녀와라."

그러면서도 호랑이는 여전히 먹고 싶어서 못 견디는 표정이었다.

이것을 본 토끼는 빙그레 웃으면서 달아났다. 성미가 급한 호랑이는 배가 고픈데다가 자꾸 군침이 당겨서 견딜 수가 없었다.

그런데 돌멩이를 세어보니 모두 열 개가 아니라 열한 개였다.

"야 이것 보아라. 한 개가 남는구나. 히히히……."

호랑이는 기막힌 것을 발견했다는 듯이 히히덕거리면서 다시 세어보았다.

이번에도 틀림없는 열한 개였다.

'옳지 잘 되었구나.' 하고 호랑이는 싱글벙글 웃으면서 돌멩이 한 개를 꿀꺽 삼켰다.

그러나 호랑이는 뜨거워서 펄펄 뛰면서 끽끽 소리를 질러댔다.

그런 뒤에 호랑이는 오랜만에 토끼를 다시 만났다. 그렇지 않아도

토끼를 벼르고 있던 참에 잘 만났다고 생각하며, 얼른 달려들어 앞발로 토끼 목을 콱 눌렀다.

"아이구 호랑이님, 왜 이러십니까?"

"왜 이러다니? 네가 날 속이고 그냥 있을 줄 알았냐?"

"속이다니요. 제가 간장을 가지고 가기 전에 호랑이님께서 그것을 잡수셨으니까 그렇지요. 그건 그렇고, 아주 좋은 게 있습니다."

호랑이는 좋은 게 있다는 말에 그만 솔깃해서 토끼 목을 놓아주며,

"좋은 것이라니?"

"다른 게 아니라 한꺼번에 참새를 몇 가마니든 먹을 수 있습니다. 그러니 내가 시키는 대로만 하십시오. 저기 가시덤불이 있지 않습니까? 호랑이님은 저기 누워서 입만 딱 벌리고 계십시오. 그러면 제가 저쪽에서 참새 떼를 몰아올 테니, 참새가 들어오면 마음껏 잡수십시오."

"응 그것 참 좋은 생각이구나."

호랑이는 탄복을 하며 가시덤불로 가 입을 딱 벌리고 누웠다.

토끼는 곧 이어 워이워이 하고 소리를 지르며, 가시덤불 둘레를 돌면서 불을 지르고 도망쳤다.

이런 줄도 모르는 호랑이는 참새 떼가 날아들기를 기다리고 있다가 그만 몸이 뜨거워서야 겨우 정신이 번쩍 들었다.

그러나 이 때는 이미 가시덤불이 온통 불바다가 아닌가. 호랑이는 허겁지겁 가시덤불 속을 돌다가 간신히 빠져나오긴 했지만 온몸이 가시에 찔리고 불에 그슬려서 말이 아니었다.

겨울이 되었다. 호랑이의 상처가 간신히 나은 어느 날 냇가에서 또 토끼와 마주쳤다.

이번에는 만나기만 하라고 벼르던 호랑이는 소리를 버럭 질렀다.

"토끼야 이놈아!"

호랑이 소리에 움찔한 토끼는 얼른 겉으로 아무렇지도 않다는 듯이 호들갑스럽게,

"아이구, 호랑이님! 참 잘 만났습니다. 이거 냇물에 고기가 어찌나 많은지 혼자 어떻게 다 먹나 걱정을 하고 있었는데 잡수고 싶지 않으십니까?"

호랑이는 또 이 소리에 그만 마음이 약해져서,

"그래? 그렇지만 어떻게 잡아먹니?"

"그거야 염려마세요. 제가 시키는 대로만 하면 되니까요. 지금부터 꼬리를 물속에 담그고 가만히 계세요. 그러면 고기들이 먹이인 줄 알고 주저리주저리 매달려 나올 것입니다."

"응 그거 아주 좋은 생각이구나."

호랑이는 토끼가 시키는 대로 물속에 꼬리를 담그고 우두커니 앉았다.

이것을 본 토끼는 위에 가서 고기를 몰겠다고 하면서 고기를 모는 체하다가 깡충깡충 도망쳤다.

하루 종일 그렇게 앉았던 호랑이는 날이 어둑어둑해지자 고기들이 얼마나 몰렸나 꼬리를 흔들어 보았다.

그러나 물이 꽁꽁 얼어서 꼬리는 꼼짝을 안했다. 이것도 모르는 호랑이는 밤새도록 고기가 하도 많이 물려서 그런 줄 알고 신이

나서 꼬리를 잡아당겼다. 그러나 꼬리가 나올 리 있겠는가.

호랑이는 밤새도록 끙끙거리다가 이튿날 사람들에게 그만 잡히고 말았다.

◇ ◇ ◇ ◇ ◇

위의 옛이야기는 이미 읽어주기나 이야기하기에 좋은 요소를 구비하고 있다. 테마가 분명하고 표현은 단순, 직설적이며 극적인 요소를 담고 있는 이야기다. 대여섯 살 유치원 아이들에게 이야기하기에 알맞게 이야기를 줄여본다.

들려주기 위한 이야기의 손질에서 제일 먼저 할 일은 선택한 이야기를 분석하는 것이라고 하였다. 이야기 줄거리, 클라이맥스로 향하는 꼭 필요한 사건, 사건 내에서 행동하는 인물의 행위와 대화, 글 전체에서 꼭 필요한 기술을 찾아낼 셈으로 몇 번을 읽는다.

이 이야기 줄거리는 호랑이가 토끼를 잡아먹으려고 세 번이나 시도했지만 실패하고 사람들에게 잡혔다는 것이다. 이 이야기의 클라이맥스는 호랑이가 꽁꽁 얼은 냇물에 꼬리를 담그고 앉아서 사람들에게 잡히는 광경일 것이다. 이 부분은 삭제해서는 안 될 것이다. 클라이맥스로 가는 과정에 호랑이가 토끼에게 속는 사건이 세 번 있는데 이야기 길이를 줄이기 위해 두 개나 하나의 사건을 삭제할 수 있겠다.

여기서는 이야기가 너무 짧아지지 않게 하기 위해 하나를 삭제하기로 했다. 나머지 사건의 기술에서 글을 가능하면 짧고 단순하게 줄여서 적었다. 그러나 호랑이가 돌멩이를 세는 모습을 두드러지게 하기 위해 "하나, 둘, 셋, …….'"을 추가하였다.

그 결과 원래의 이야기에 나오는 참새 떼가 다시 쓴 이야기에서는 삭제되었다. 원래의 이야기와 손질해서 다시 쓴 이야기를 읽고 어디를 어떻게 줄였는지 금방 알아보기 어렵다면 잘된 손질이다. 그러나 이 이야기는 네 페이지 반 분량의 이야기를 두 페이지 정도로 줄인 것이다.

◇ ◇ ◇ ◇ ◇

꼬리 물린 호랑이 (손질한 이야기)

옛날에 호랑이 한 마리가 배가 고파서 산속을 헤매다가 토끼를 만났어요. 호랑이는 입맛을 쩍쩍 다셨어요.

"토끼야, 너 잘 만났다. 미안하지만 너를 잡아먹어야겠다."

이 말을 들은 토끼는 질겁을 했어요.

"호랑이님, 그 무슨 말씀이십니까? 호랑이님과 나와는 친한 사이인데, 저를 잡아먹으면 어떻게 합니까? 그러지 마시고 제가 아주 맛있는 것을 드릴 테니 기다리십시오."

"맛있는 것?"

호랑이는 맛있는 것이라는 말을 듣고 싱글벙글했어요.

토끼는 얼른 냇가로 가서 반질반질한 돌멩이 열한 개를 주워 가지고 왔어요.

"이것을 어떻게 먹냐?"

"불에 구워서 꿀꺽 삼키면 아주 맛이 좋습니다."

토끼가 나무를 주워다가 불을 피우고 돌멩이를 빨갛게 구웠어요.

"호랑이님, 돌멩이는 간장을 찍어 먹어야 해요. 모두 열 개 있으니까, 마을에 가서 간장 얻어올 때까지 기다리십시오. 한 개라도 먹어서는 안 됩니다."

"그래 다녀오너라."

호랑이가 이렇게 말하자, 토끼는 살금살금 도망쳤어요.

호랑이는 성미가 급한데다가 쭈그리고 앉아 돌멩이를 들여다보니 먹고 싶어서 견딜 수가 없었어요. 그런데 돌멩이를 세어보니 열 개가 아니라 열한 개였어요.

"야 이것 봐라. 한 개가 남네. 히히히……."

호랑이는 기막힌 것을 발견하고 다시 세어보았지요.

"하나, 둘, 셋, 넷, 다섯, 여섯, 일곱, 여덟, 아홉, 열, 열-하나."

호랑이는 뜨거운 돌멩이 한 개를 꿀꺽 삼켰어요. 뜨거워서 펄펄 뛰면서 끽끽 소리를 질렀어요.

겨울이 되었어요. 어느 날 냇가에서 호랑이는 토끼와 마주쳤어요. 토끼를 벼르고 있던 참이라 얼른 달려들어 앞발로 토끼 목을 콱 눌렀어요.

"아이구 호랑이님, 왜 이러십니까?"

"왜 이러다니? 네가 날 속이고 그냥 있을 줄 알았냐?"

토끼는 놀라서 오줌이 찔끔 나왔지만 겉으로는 아무렇지도 않은 듯이 말했어요.

"호랑이님 그 무슨 말씀이십니까? 제가 간장을 가지고 오기 전에 돌멩이를 잡수셨으니까 그렇지요. 여기 냇물에 고기가 저렇게 많은데 잡수고 싶지 않으십니까?"

호랑이가 냇물을 내려다보니 정말 고기가 많았어요.

"그래? 그렇지만 어떻게 잡아먹니?"

"지금부터 꼬리를 물속에 담그고 가만히 계세요. 그러면 고기들이 먹이인 줄 알고, 주저리주저리 매달려 나옵니다."

"그거 참 좋은 생각이구나."

호랑이는 꼬리를 물속에 담그고 우두커니 앉았어요.

이것을 본 토끼는 살금살금 도망쳤어요.

호랑이는 하루 종일 그렇게 앉아 있었어요. 날이 어둑어둑해지자 냇물이 꽁꽁 얼어붙어서 꼬리는 꼼작도 하지 않았어요. 호랑이는 고기가 하도 많이 물려서 그런 줄 알고 신이 나서 꼬리를 잡아 당겼어요. 그렇지만 소용이 없었어요.

호랑이는 이튿날 아침 사람들에게 그만 잡히고 말았답니다.

◇ ◇ ◇ ◇ ◇

읽어주기를 할 때는 간단한 그림책의 경우는 읽어주면서 어미를 바꾼다든가 하는 정도로 고쳐가며 읽어준다. 그러나 말로 이야기를 할 때는 원래의 이야기를 다시 고쳐 적는 것이 순서이다.

주의할 것은 구연을 위해 이야기를 손질할 때 경우에 따라서는 저작권자의 허락을 받아야 한다는 것이다. 저작권자의 동의 없이 개작하여 출판물로 내거나 많은 사람들을 대상으로 구연하는 것은 저작권법에 저촉된다. 구연은 일회성의 연기로 끝나는 것이지만 무단 이용하면 역시 저작권법에 저촉된다.

그러나 부모들이 가정에서 자기 아이들에게 개작하여 들려주는 것은 저작권법에 저촉되지 않는다. 부모는 얼마든지 이야기를 변형하여 아이들에게 들려줄 수 있다.

이야기하기, 읽어주기 시행을 위한 준비

이야기하기나 읽어주기는 모든 행위예술이 그렇듯이 보이지 않는 준비가 있다. 이 준비는 청중에게 이르러 보이는 결과로 나타난다.

건전하고 생생한 이야기하기 예술은 허풍스런 분위기를 만들지 않는다. 이야기하기 예술은 개인적, 주관적인 것이긴 하나 순수하게 개인의 묘한 솜씨에만 의존하는 것도 아니다. 이야기를 성공적으로 해내는 이야기꾼들이 지닌 기술의 기초원리가 있다.(http://www.farid-hajji.net/books/en/Bryant_Sara_Cone/ts-index.html)

이 기본적인 기술은 상식에 속하는 것으로 취급하여 우리나라의 동화구연가들은 그렇게 중요한 기술로 크게 다루지 않는 경향이 있다. 이야기하기나 읽어주기에 서투른 이유가 이 기본기술의 소홀에 있는 경우를 많이 본다. 당연히 중요하게 다루어야 한다는 생각에서 브리안트의 권고를 요약 정리한다.

이야기를 감상하라

다른 사람에게 이야기를 전해주기 위해서는 우선 들려줄 이야기를 소화하여 자기 것으로 만들어야 한다. 앵무새같이 입으로만 하는 이야기하기가 아니라 의미와 느낌과 정서를 전달하는 이야기하기는 기초 다지기 단계가 중요하다. 기초 단계의 중요성은 이야기하기나 읽어주기에서 똑같이 적용된다.

사라 콘 브리안트는 이야기하기는 머릿속에 있거나 책에 글자로 적혀 있거나 거기 담긴 이야기를 듣는 사람들에게 실감나게 전달하는 하나의 예술행위라고 말한다. 그러므로 이야기하는 사람은 전달자, 해설자, 항상 무언가를 가지고 다른 사람에게 나누어주는 사람이다.

이 사람은 자신이 이해하지 못하는 것을 해설할 수 없다. 또 들어보지 못한 이야기를 복창할 수 없다. 일단은 가지고 있어야 줄 수 있는 것이다. 이야기를 가지고 있다는 것은 이야기를 느끼는 것이다. 무엇이 이야기를 느끼는 것인가?

이야기에서 확인되는 분명한 줄거리, 이야기의 특징적인 질, 고유한 맛, 유머, 비애, 흥미 이런 것이 느껴지면, 그 이야기를 느끼는 것, 소유하고 있는 것이고 다른 사람에게 전달해줄 수 있다. 특히 이야기하는 사람에게는 이런 것들에 대한 민감한 감성적 느낌이 필요하다.

이야기를 진실로 감상, 이해하는 것은 이야기를 선택하여 그 이야기에 매력을 느꼈고, 그 이야기가 지닌 호소력을 알아냈다는 의미이기도 하다. 이제 듣는 사람들이 이야기에서 그와 같은 종류의 감상을 가질 수 있게 이야기해야 한다. 어떻게?

이야기를 공부하여 알아야 한다

이야기하는 사람이나 읽어주는 사람은 먼저 이야기 자체를 잘 알아야 한다. 이야기가 자신의 경험인 것처럼 확실하게 자기 것이 되어야 한다. 기억해내면서 이야기하는 것이 아니라 자신의 이야기를 회상하듯 술술 나와야 이야기를 아는 것이다.

확실하지 않은 말투, 이름이나 사건을 빠뜨리는 것, 이야기의 연결을 놓쳐서 얼버무리고 꾸며대는 것, 반복이 필요하지 않은 경우의 반복 등은 이야기를 덜 공부하여 아는 것이 부족한 것이다.

이야기를 공부하는 방법은

① 이야기의 줄거리를 분석하여 사건을 간단하게 순서화하고,

② 클라이맥스가 어디인지 확실히 하고,

③ 클라이맥스에 오기까지의 이어지는 과정을 비롯하여 이야기의 전체적 틀을 분명하게 한다.

④ 이 전체적 틀 안의 내용을 채우는 방법은 읽고 또 읽고를 반복하는 방법이 있다. 브리안트의 경험은 어린아이들이 혼자서 말하는 것처럼 반복해서 이야기하는 것이다. 때로는 작은 소리로, 때로는 큰 소리로 이야기한다. 이렇게 하는 동안 잘 모르는 부분이 어디인지 알게 되고, 표현상의 효과를 어디에 어떻게 두어야 할지를 알게 된다.

⑤ 이렇게 여러 번 반복하여 연습하는 동안 수정과 보완을 거쳐 이야기를 자기 것으로 소화하였을 때 그 이야기는 진정한 의미의 아는 이야기가 된다.

읽어줄 때도, 긴 동화나 소설의 경우는 좀 다르지만 그림책의 경우, 거의 책을 보지 않고(책의 그림은 듣는 아이들이 잘 볼 수 있게 해야 하므로) 가끔 흘끔흘끔 보는 정도가 추천된다. 그러므로 이야기해주기의 경우가 아니고 읽어주기의 경우라도 책을 보지 않고 말로 반복해서 남에게 이야기하듯 연습하여 이야기를 자기 것으로 만들면 읽어줄 때 저절로 적절한 목소리와 표정을 어떻게 해야 할지 알게 된다.

반복해서 이야기하여 연습할 때 쑥스럽게 생각해서는 안 된다. 나는 아침 일찍 집 가까운 공원에 걷기운동을 나가곤 하는데, 가끔 어떤 청년이 저쪽 숲을 걸으며, 때로는 먼데를 바라보면서 연극의 대사를 무대에서 하듯이 소리 내어 연습하는 것을 목격한다. 부모의 이야기하기와 읽어주기가 보편적 일상이 되기를 희망하는 눈으로 그 청년의 모습을 보니 예사롭지가 않다. 어떤 부모가 저토록 열심히 연습할까? 내 아이를 위해서 필요한 일이 아닌가? 젊은 엄마들은 집안 청소를 하면서, 설거지를 하면서, 빨래기계를 돌리면서 연습할 수 있다.

정신문화연구원에서 1970년대 후반에서 1980년대에 걸쳐 우리나라 전역에 전해 내려오는 이야기를 채집하여 *한국구비문학대계*(한국정신문화연구원. 1980~1992. 87책)를 출간하였다. 전국의 시골 마을 노인들이 모이는 사랑방에서 이야기 잘하는 남녀 노인들이 번차례로 이야기를 하고 다른 사람들은 듣고 있을 때 녹음을 하여 채집한 것이다.

여기서 이야기하는 노인들은 요즈음 동화구연을 배우는 사람들처럼 훈련을 받은 사람들이 아니지만 참으로 구수하게 이야기를 잘하였다.(*한국구비문학대계*는 사투리는 물론 이야기 중간에 의미 없이 버릇으로 발음하는 "에-" 등 녹음된 그대로를 활자로 옮긴 사료집이다.)

이 노인들이 이야기를 잘하는 이유를 생각해보면 부모들이 아이에게 이야기를 잘해줄 수 있는 기술을 짐작하게 된다. 이 노인들은 그들이 어렸을 때 들은 이야기를 다른 사람들에게 수없이 많이 들려주었을 것이다. 결론적으로 연습을 많이 하여 이야기가 입에서 술술 나오게 된 상태인 것이다.

마샬 쉘리(Marshall Shelley)라는 분은 이야기를 연습할 때 이야기 내용을 알아듣지 못하는 아기들에게 이야기를 해주면 연습은 연습대로 하면서 아기는 아기대로 만족한다고 말한다. 한 살 혹은 두 살밖에 안 된 아기에게는 어른이 자기를 향해 재미난 표정으로 웃으면서 이야기를 해준다는 것 자체가 중요하며 이야기의 내용은 상관이 없기 때문이라는 것이다.(M. Shelley. p.32)

여하간 이야기를 공부하여 안다는 것은 이야기를 많이 연습하여 내 이야기로 만드는 것이 가장 중요하다.

이야기 시간의 시작에서

이제 연습이 끝났으면 이야기를 들려줄 차례이다. 밥을 맛있게 지어놓고 상을 먹음직스럽게 잘 차려야 먹는 사람들의 입맛을 돋울 수 있는 것처럼 분위기를 조성할 필요가 있다. 많은 수의 아이들에게 이야기할 때는 물론 가정에서 한두 아이에게 이야기할 때도 마찬가지이다.

이야기 시작에 앞서서, 먼저 이야기하는 사람 자신의 마음을, 하려는 이야기의 분위기에 맞추어 놓는다. 씩씩하고 용감한 *종이봉지 공주*(로버트 문치. 2004) 이야기를 들려줄 계획이라면, 이야기 전체에 흐르는 공주의 단호하고 결단력 있는 말투와 분위기를 생각하고 공주가 된 기분이 되어보는 것이다.

안데르센의 *미운 오리새끼* 이야기를 들려줄 계획이라면, 애처롭게 따돌림당하는 미운 오리새끼의 처지와 원래 백조임을 알게 된 후의 안도감, 우월감에 젖어보는 것이다. 이와 같이 기분을 낸다는 것은 이야기를 잘 알고 그 이야기가 내 것이 되었을 때 가능하다.

한편 이야기를 들을 아이들이 집중하여 듣게 하기 위해 분위기를 조성한다. 도깨비가 나오는 이야기를 준비했을 때 도깨비 그림이 그려진 티셔츠를 입고 나타나 "선생님의 티셔츠가 어때요?" 하고 묻는다든지, 곰이 등장하는 이야기를 하게 될 때 탁자에 색이 있는 탁자보를 씌우고 두드러진 색상의 곰 인형을 하나 혹은 두 개 정도 놓고 시선을 곰 인형에 집중시킨다든지 하는 등 소품을 사용할 수 있다.

집에서 아이들에게 이야기해줄 때도 아이가 이야기를 들을 준비가 되어 있을 때 이야기를 시작한다. 아이가 잠들기 전에 책을 읽어주는 습관을 들이는 것이 좋다는 것도 이야기를 듣는 아이를 위한 분위기 조성이 잘되기 때문이다.

잠들기 전에는 우선 조용하게 안정된 마음을 취하게 된다. 하루를 지나는 동안 겪은 일에 대해 엄마나 아빠와 이야기를 나눌 수 있는 분위기도 쉽게 조성될 수 있다. 이불을 잘 덮어주고 무엇이든 아이의 편에서 도와주려는 부드러운 태도로 말을 거는 사람들이 바로 엄마나 아빠일 것이다.

이때 아이들은 이야기를 받아들일 준비가 잘된다. 그래서 이 시간을 책 읽어주기나 이야기하는 시간으로 정규화하여 생활의 리듬의 한 과정으로 만드는 것이 좋다.

나는 우리 집 손녀에게 사과나 포도 같은 과일이 나오는 이야기를 해주기 전에 보란 듯이 사과껍질을 길게 느려가며 깍거나 포도 씻을 물에 한줌의 소금을 넣고 시간이 걸리게 공들여 씻는다. 아이의 시선을 사과에, 포도에 끌기 위한 작전이다. 그리고는 "포도 먹고 이야기 들을래? 이야기 들은 다음 포도 먹을래?" 하고 묻는다. 손녀는 언제나 포도를 먹으면서 이야기를 듣겠다고 한다. 이야기가 재미있으면 포도 한 알을 물고 마냥 이야기에 정신을 판다.

이야기하는 동안 듣는 아이들의 흥미를 돋운다

이야기 시작에서 이야기할 사람과 아이들의 분위기가 잘 준비되었으면 그 분위기를 계속 유지하여 이야기에 모든 귀와 시선을 집중시켜나가야 한다.

잔잔하고 부드러운 목소리로, 그러나 분명하고 권위 있게 "옛날 옛날에 마음씨 착한 나무꾼이, 산에 나무를 하러 갔는데 ……." 라고 자연스럽게 시작한다. 이야기하는 사람의 기분, 표정, 자세가 이야기를 들으려고 쫑긋하고 있는 아이들의 분위기와 하나가 되어 전혀 흐트러진 틈이 없이 이야기가 진행된다. 이야기의 진행은 단순하게, 직설적으로, 극적으로 그러면서 열성을 다해서 이야기한다. 필경은 분위기 전체가 이야기를 따라 옮겨갈 것이다.

브리안트는 이 "단순하게, 직설적으로, 극적으로"라는 표현을 다음과 같이 설명하였다.(http://www.farid-hajji.net/books/en/Bryant_Sara_Cone/ts-index.html)

단순하게 이야기한다 함은 자연스럽게 아주 친숙하고 분명한 단어를 사용하라는 것이다. 눈으로 책을 읽는 것과 달리 듣는 것은 순간적으로 소멸되는 소리를 듣는 것이므로 아이들이 단번에 알아들을 수 있게 하기 위해서이다. 또 이야기하는 태도에 있어서도 꾸밈이나 ~인 척하는 것, 위선적인 말투는 단순한 것이 아니며 잘못된 것이다. 우는 소리를 낸다든지, 이상한 괴성을 지른다든지 하는 것도 자연스럽지 못한 것이다.

이미지를 제시해주는 것 이상의 부사, 형용사, 형용문구는 클라이맥스를 향하고 있는 아이들의 마음의 행로에 방해가 된다. 긴 설명, 교훈을 첨가하는 것은 바람직하지 않다. 우화의 결말 부분에 도덕적 암시가 있는 것도 있지만 그것을 크게 강조해서는 안 된다.

전달의 효율성으로 볼 때 이야기를 하는 것은 글을 쓰는 것에 비하여 훨씬 유리한 조건에 있다. 작가는 단지 글만으로 전달하지만 구연가는 글의 내용을 전달하되 목소리의 변화, 얼굴 표정, 몸짓 등을 사용하면서 전달한다. "좋았다."라는 내용을 글로는 "아주 굉장히 좋았어요."라고 강조하여 적을 수 있다. 그러나 구연에서는 "아주 좋았어요." 혹은 "좋았어요."라고 간단히 표현하면서 목소리, 얼굴 표정, 몸의 자세 등을 사용하여 실감 나게 좋았다는 의미를 강조할 수 있다.

직설적으로 이야기한다 함은 사건 하나하나를 설명 없이 순서대로 이야기하라는 뜻이다. 이야기를 듣는 것은 연극을 보는 것과 같다. 순간적으로 사건이 전개되어 이야기가 진행된다.

이야기를 간접적으로 둘러서 하면 이야기의 흐름을 망치게 된다. 꼭 필요한 경우는 예외지만 지루한 설명이나 빙빙 돌려가며 이야기를 하는 것은 아이들의 흥미와 집중을 흐트러트리고 결과적으로 무슨 이야기를 들었는지 요점을 잃게 한다.

경우에 따라서는 이야기 중간에 훈수처럼 한두 마디 첨가하는 것이 도움이 될 수도 있으나 원칙적으로는 이런 것은 삼가는 것이 좋다. 말은 간결하게, 사건은 논리적인 순서로 이야기해야 아이들이 빨려든다는 것을 염두에 둘 것이다.

극적으로 이야기한다 함은 이야기하는 사람이 놀이에 몰두하여, 등장인물이 처한 상황에서 스스로 그 등장인물이 된 것처럼 생생하게 이야기하는 것이다. 그렇게 해야 듣는 이의 눈에 그 절실함이 보인다.

극적으로 이야기한다는 것은 흥분하는 것이 아니고 웅변하는 것이 아니다. 앞서 말한 단순하게 성실히 이야기하는 것과 모순되는 것도 아니다. 이야기에 나오는 장면을 그림을 보듯 상상할 수 있게 하려면 너무 자세히 설명하기보다 시각적인 단어를 사용하여 암시적으로 표현하는 것이 더 좋다.

비트릭 포터의 *토끼 피터 이야기*에서 토끼, 피터가 맥그리거씨네 밭에 가서 홍당무랑 배추 잎을 뜯어먹다가 주인에게 들켜서 도망가는 장면은 매우 극적인 예가 될 것이다. 이 책의 저자

포터 부인은 "이때 토끼 피터는 너무 조마조마하고 급했어요. 새로 산 지 얼마 안 되는 저고리는 철망에 걸려 벗겨지고 신발은 뛰어나오다가 밭고랑 어디선가 잃어버렸습니다."라고 자세히 서술하지 않는다.

"다음날 아침 맥그리거 씨는 피터의 저고리와 신발로 허수아비를 만들어 밭 가운데 세웠어요."(Beatrix Potter. 1989)라고 이야기하여 독자의 상상을 부추기는 표현을 하고 있다.

이야기를 극적으로 할 때 그 성공의 정도는 분명성(명쾌함), 그리고 이야기하는 사람이 설명하는 사건과 인물을 시각화하는 힘에 달려 있다. 브리안트는 "놀이에 스스로를 던진다는 것, 그래서 자신이 흉내 낸 표현에 응답이 오는 것을 보는 것은 정말 재미있고 순수하고 단순한 것이다."라고 말한다. (http://www.farid-hajji.net/books/en/Bryant_Sara_Cone/ts-index.html)

이렇게 말할 수 있었으니 그는 한 세기 지난 오늘도 기념비적인 이야기꾼으로 우리가 배워야 할 모범이라고 생각된다. 그는 참으로 이야기를 어떻게 하는 것인가를 알았던 사람이다.

그러나 그도 인정했듯이 많은 사람들은 그렇게 하는 것이 어렵다. 브리안트는 이런 사람들에게 자연스럽고 행복하게 표현할 수 없으면 억지로 하는 척하지 말고, 이야기를 감상하고 느끼며 상상하는 데 집중하기 위하여 내적, 영적인 노력에 스트레스를 모두 풀어놓아 자기 중심의 의식으로부터 서서히 자유로워질 수 있도록 노력하라, 감정이 움직이면 몸은 자연스럽게 따라오게 된다고 말하고 있다.

브리안트는 이야기하기가 예술이라는 점을 강조하고 이 예술 행위의 구현을 위해 이야기를 구연자 자신의 일부로 소화하는 것을 강조하였다. 그의 전통을 따라 낸시 멜론(Nancy Mellon)이나 수잔 다놉(Susan Danoff) 같은 서양 구연가들은 테크닉에 속하는 기술보다는 이야기의 내면화의 중요성을 강조하고 있다.

브리안트가 말하는 자기 중심의 의식으로부터 자유로워지면 이야기하는 동안 목소리, 얼굴 표정, 몸짓, 말하는 속도, 청중과의 눈맞춤 등은 어떻게 되는가? 이 물음에 대해서는 다른 구연가들의 충고도 참고하는 것이 도움이 될 것이다. 즉, 외부로 보이는 모습은 어떤가 하는 것이다.

*Telling Stories to Children*의 저자, 마샬 쉘리 같은 사람은 비교적, 물리적, 기술적 측면의 이야기하는 방법을 제시하는 사람이다. 또 우리나라 동화구연계에 폭넓게 영향을 미치고 있는 동화구연가, 이규원은 구연법에 구체적인 적법(適法)을 제시하여 이에 따르도록 권하고 있다.

처음에 배울 때 어떠한 원칙을 따라 연습하는 것이 좋은가를 아는 것은 확실히 도움이 된다. 같은 이야기를 거듭 연습하다 보면 그 이야기가 술술 풀어져 나올 즈음에는 이야기 내용의 상황과 경우에 따라 세세한 원칙과 규정을 의식하지 않고도 자연스러운 구연을 하게 된다.

문제가 되는 것은 이야기를 내면화하여 자기화할 만큼 공부하고 연습하지 못한 상태에서 세세한 원칙과 규정에 매달릴

때 부자연스럽게 보이는 것이다.

결과적으로 브리안트의 제안은 안으로부터 밖으로 자연스러움이 내비치도록 하라는 것이고 이규원의 생각은 외형으로부터 안으로 녹이면서 들어가 자유로운 구연에 이르도록 하라는 의미로 해석된다.

이규원의 저서, *동화구연의 이론과 실제*(2007)의 이론편은 동화구연가로 활동하려는 사람들을 위한 화술과 발음, 태도 등의 구연기법을 예문을 곁들여 자세히 설명하였다.

아이들에게 이야기를 들려주고 책을 읽어주는 일을 일상으로 하려는 엄마를 위해 참조할 만한 주요 이야기 기술을 살펴본다. 다시 말하지만 어떤 이야기 기술도 외형적 기술만을 잘 활용하려고 하면 좋은 결과를 내기 어렵다. 모든 이야기 기술에 앞서 이야기하기 좋은 혹은 읽어주기 좋은 이야기를 선정하는 일 그리고 그 이야기를 공부하여 내 것으로 소화하는 내면적 기술이 중요함을 유의할 것이다.

① 이야기하는 사람의 태도가 열성적이면 목소리 변조, 말의 속도, 음성 조절, 눈맞춤, 얼굴 표정, 몸짓, 손짓 등이 자연스럽게 된다. 또 이야기하는 사람이 열의 있게 이야기에 몰입하여 들려주면 그 분위기는 듣는 아이에게도 전염되어 열심히 듣게 된다. 재미있는 이야기를 남의 이야기하듯 하지 말고 내 이야기처럼, 나의 경험담처럼 이야기할 것이다.

② 읽어주기 좋은 책은 대화가 많은 책이다. 등장하는 인물이 말하는 소리를 실감나게 들려줄 수 있기 때문이다. 특히 어린 나이의 아이들일수록 대화가 많은 이야기가 좋다. 목소리를 변조하여 할아버지 목소리, 아기 목소리, 여자 목소리, 남자 목소리 등을 흉내 내면서 읽어주는 것은 이야기하기나 읽어주기의 첫 번째 기본 자격이 갖추어지는 것이다. 발성법을 연구하면 도움이 된다.

③ 말하는 속도를 달리 하거나 목소리의 높낮이, 크기, 강도 등을 조절하는 것이 도움이 된다. 듣는 아이들이 몸을 움직이고 지루한 것 같으면 한발 다가서면서 빠른 속도로 이야기한다. 주의집중이 되면 평상의 속도로 돌아가고, 그렇지 않고 아무래도 이야기에 흥미가 없는 것이 느껴지면 지루해하는 상세한 내용을 빼고 이야기를 마무리하는 것이 좋다.

읽어주기에서도 마찬가지로 지루한 책을 읽어주느니보다 다른 책으로 바꾸는 것이 낫다.

목소리를 조절하는 방법으로 목소리를 높여서 큰소리로 말하여 흥분한 분위기를 조성하기도 하고 속삭이듯 가만가만 이야기하여 안정감, 다정함을 나타내기도 한다. 이야기의 전환점에서 잠깐 멈추어 아무 말도 하지 않음으로써 이야기에 집중하도록 유도하는 방법을 쓰기도 한다.

④ 들려주고 있는 이야기에 동의를 구하는 듯이 아이의 눈을

바라보면서 이야기하는 것이 듣는 아이로 하여금 자기에게 이야기한다는 느낌을 갖게 한다. 읽어주기에서도 읽어주는 사람은 거의 책을 보지 않고 아이의 눈을 보면서 이야기하는 것이 최상의 방법이다. 그러나 때때로 책의 활자를 보면서 읽어야 하므로 눈맞춤의 기회가 이야기할 때처럼 많지 않게 된다.

⑤ 얼굴 표정은 목소리를 제외한 모든 동작 중에 대표적인 표현도구로 중요시된다. 감정 표현은 보통 얼굴에 나타나는 것이므로 표정이 풍부한 사람이 무표정한 사람보다 이야기하기나 읽어주기에 유리하다.

그러나 지나치게 꾸미는 것은 오히려 방해가 된다. 진심으로 그 이야기의 흐름에 자연스럽게 합치되는 표정이 저절로 나올 때 그것이 좋은 것이다. 사랑, 미움, 슬픔, 연민, 두려움, 놀람 등등.

⑥ 그 외의 몸짓이나 손짓 등도 이야기 내용과 그 흐름에 따라 움직이면 가장 좋다. 버릇처럼 필요 없는 동작을 하면서 이야기하는 사람도 있다. 이런 경우는 고치도록 노력하는 것이 좋을 것이다.

⑦ 이야기 중간에 아이들을 이야기에 참여시키기 위한 수단으로 그 다음 이야기가 어떻게 될까를 묻기도 한다. 이때 질문이 잘못되면 이야기가 흥미 있게 진행되지 못하고 흐트러진다.

어느 아이나 분명하게 정해진 답을 할 만한 질문을 해야 한다. "사나운 파도가 소년이 탄 배를 삼켰어요. 배는 가라앉고 소년은 보이지 않았어요. 소년이 어떻게 되었을까요?" 이런 질문에 아이는 "물에 빠졌어요."라고 대답할 것이다.

그러나 "어느 날 나무꾼이 나무를 하러 산으로 갔어요. 산속에 연못 가까이에 갔어요. 나무꾼이 거기서 무엇을 했을까요?"라고 질문한다면 어떤 아이는 "거기서 선녀가 목욕하는 것을 봤어요." 라고 대답할 수 있다. 아니면 엉뚱하게 "호랑이가 나왔어요." 할 수도 있다.

이야기하는 사람의 원래 계획은 나무를 하다가 잘못하여 도끼를 연못에 빠뜨렸다는 이야기를 하려고 했던 것이다. 계획한 이야기는 중간에 헛길로 들어서게 된 것이다. 이야기 중간에 질문을 이용하려면 이야기 흐름에 집중하게 하는, 답이 확실한 질문을 해야 한다. 그렇게 되지 않을 것이 예상되면 아예 질문하지 않는 것이 좋다.

많은 아이들에게 이야기를 해줄 때, 이야기 중간에 질문을 하여 한 아이가 답을 하면 다른 아이들은 너도나도 다투어 한마디씩 하려고 해서 걷잡을 수 없게 되기도 하고 엉뚱한 말을 해서 이야기 흐름에 방해가 되기도 한다. 이러한 우려 때문에 이야기를 듣는 아이들에게 아예 질문을 하지 않는 것이 좋다는 주장도 있다.

그러나 노련한 이야기꾼은 단지 아이들을 이야기에 집중시키고 참여시키기 위한 수단으로 자신이 할 간단한 말 또는 단어를 아이들이 미리 말하게 하여 이야기의 진행을 열어가는 방법을 안다. 특히 가정에서 한 명 또는 두세 아이에게 이야기할 때는 그렇게 산만해질 염려가 적으므로 이야기 중간에 질문을 사용하여 이야기에 참여시키는 것은 바람직하다고 생각된다.

부모가 아이들에게 이야기를 해주거나 읽어줄 때가 아니고 무대에서 하는 오락성이 강한 이야기하기는 목소리를 비롯하여 모든 동작을 연극배우처럼 하는 것이 보통이다. 이런 경우의 이야기하기는 1인극과 같다. 물론 이 때는 의상도 이야기에 맞추어 입고 조명을 사용하기도 한다.

부모가 아이와 살아가면서, 가르침에 도움 되도록 하기 위해 들려주는 이야기, 읽어주기는 언어 중심이다. 동작을 대사와 똑같이 중요하게 생각하는 연극을 할 수는 없다고 생각된다. 또 그럴 수밖에 없는 것이 엄마 아빠는 연극인이 아닌 것이다.

이야기의 마무리의 중요성

책을 읽어줄 때 읽어주는 사람은 이야기의 끝말을 어떻게 끝낼가를 걱정하지 않아도 좋다. 저자가 알아서 이야기를 잘 끝내고 있으니까. 그러나 우리가 악보를 보면서 노래를 부를 때 악보에는 그렇게 되어 있지 않더라도 마지막 부분에서는 박자를 길게 하여 노래를 끝맺는다.

이와 마찬가지로 마지막 문장의 마지막 구절을 읽어줄 때 목소리를 늦추어 여기가 이야기의 끝임을 알리는 것이 좋다. 책을 많이 읽어주는 부모들은 일부러 그렇게 하려고 하지 않아도 자연스럽게 될 것이다.

이야기를 해줄 때는 이야기하는 사람의 재량으로 마지막 말을 하게 되는데, 이때 듣는 아이는 모든 문제는 잘 해결되었다는 안도하는 마음을 가지도록 만족스런 구절로 끝을 맺는 것이 좋다. 물론 이야기의 내용에서 자연스럽게 맺어지는 결말이어야 할 것이다. 좋은 이야기 그림책의 마지막 부분은 독자에게 만족을 주고 마음을 기쁘게 해주는 것으로 이야기를 끝낸다. 또 옛이야기의 마지막 말도 좋은 예가 될 것이다.(3장 p.102-103의 예 참고)

어떤 사람들은 '아이들에게 들려주는 이야기의 마지막을 왜 해피엔딩으로 해야 하는지 모르겠다. 이유가 무엇인가?'라고 항의하듯 말한다. 이러한 질문에 대한 답은 확실하고 분명하다.

구전되어온 옛이야기의 결말이 거의 모두 행복하게 끝나는데 그 이유를 생각해보면 알 수 있다. 옛이야기는 지은이가 없는 집단의 이야기, 실로 인류의 이야기이다. 아주 먼 옛날에는, 이야기는 아이들에게만 들려주려는 것이 목적이 아니라 남녀노소를 막론하고 듣고 즐기던 오락물이었다. 그런데 그 이야기의 결말이 언제나 행복하게 되어 있다는 것은, 사람들이 행복하게 되기를 바라기 때문에 자연적으로 그렇게 만들어진 것이라고 해석할 수 있다. 희망을 가지고 행복해지고 싶은 것이 사람의 본심이다. 옛이야기가 언제나 행복한 결말로 만들어진 것은 우연이 아니다. 아이들에게 주는 이야기가 여기서 역행한다면 좋지 않을 것이다.

우리나라에 어린이 도서시장이 아직 활발하게 형성되기 전인 1970년대에 계몽사에서 *소년소녀 세계문학전집*을 출판하였다. 이 전집 속에 세계적으로 유명한 이야기는 다 들어 있었다. 그때 필자의 딸인 혜경이는 책읽기를 좋아하는 초등학교 3학년 아이였다. 혜경이는 그 50권에 달하는 전집을 한두 번 읽은 것이 아니다. 읽고 또 읽고, 재미있어서 그렇게 여러 번 읽었다.

그러나 *프란다스의 개*는 딱 한번 읽고 다시는 읽지 않았다고 고백하였다. 왜? 할아버지가 돌아가시고 주인공 소년, 네로와 충성스런 개, 파트라슈가 고생을 하다 나중에 죽게 되는 슬픈 이야기를 다시 읽고 싶지 않았다는 것이다.

아이들에게 슬픔이나 비애로 끝나는 이야기를 주는 것은 일종의 상처를 입히는 것이다. 이야기의 마지막이 희망적이고 밝고 행복하게 끝나기를 바라는 것은 아이만이 아니라 어른들의 마음속에도 잠재해 있다.

나는 할아버지를 병문안하러 병원에 간 적이 있다. 할아버지는 거의 알코올중독자였다. 할아버지가 침상에서 일어나 지난날을 회상하며 중얼거리듯 내게 말하였다.

"나는 술주정뱅이밖에 되지 못하였다. 그래, 그렇게 되었구나."

그 얼굴 표정과 목소리 속에 깊은 회한이 담겨 있었다. 지금 나는, 그때 내가 어떻게 위로의 말을 했는지 생각나지 않는다. 할아버지의 그 한마디 말이 생생할 뿐이다. 그리고 나는 생각한다. 할아버지는 자신의 어두웠던 지난날이 그토록 후회스러웠구나. 그렇지. 할아버지도 다른 사람들처럼 밝고 명랑하고 희망적이고 행복한 삶을 원하였다.

누구나 그런 것이다. 그러므로 사람의 이야기는 험난한 시련과 아슬아슬함에 가슴 졸이더라도 끝에 가서는 그들이 원하는 대로 이루어져야 한다. 그래야 이야기를 듣고 위로와 행복을 느낄 수 있는 것이다.

가끔 아주 드물게 프란다스의 개와 같은 이야기가 있는 것도 괜찮지만(왜냐하면 세상은 슬픔도 많은 곳이므로 그것도 이야기에 있는 것이 당연하다.) 아이들에게 들려주는 이야기로 자주 선택하는 것은 좋은 것이 아니라고 생각한다. 이야기의 결말이 희망과 기쁨으로 끝나야 하는 것은 이런 의미가 있는 것이다.

이야기의 마무리가 중요한 것은 또 말이 끝났다고 해서 모든 것이 끝난 것이 아니라 이어지는 여운을 살리도록 그리고 아이들의 상상을 보강해주기 위해서이다. 이를 위해 아이들에게 질문을 하여 생각을 표현해보도록 유도한다.

"종이봉지 공주는 지금쯤 결혼했을까요?"

"어떤 왕자와 결혼했을까요?"

어떤 아이는 '좋은 옷은 입지 않았지만 용감한 공주를 좋아하는 왕자와 결혼했을 것'이라고 대답할지도 모르는 일이다. 그러나 다음과 같은 질문은 하지 않는 것이 낫다고 생각된다.

"왕자가 훌륭한가요? 공주가 훌륭한가요?"

"이 이야기에서 배울 점이 무엇인가요?"

왜 이런 종류의 질문은 하지 말라는 것일까? 아이들에게 이야기 시간은 즐겁고 재미있는 시간이어야 한다. 이야기 시간에 들려주는 이야기, 읽어주는 책은 언제나 재미있게 들을 수 있어야 한다. 재미있고 즐거우면 모든 유익한 효과를 따라오게 할 수 있지만 재미없고 따분하고 싫다고 느끼면 이야기해주기나 읽어주기의 모든 효과는 물거품이 되고 만다.

아이들은 속으로 말할 것이다.

'어른들이란 어쩔 수 없는 사람들이야. 틈만 있으면 가르치려고 하니까.'

아이들의 말이 정말 맞다. 1985년 나는 처음으로 대학생들에게 독서지도라는 교과목을 가르쳤다. 이때 어떤 학생은 아이들에게 책을 읽히고 읽은 책에서 어떤 교훈을 얻었는지 말하도록 해야 한다고 강력하게 주장하였다. 내가 그 학생에게 물었다.

"초등학교 때 방학 숙제로 책을 읽고 독후감을 쓴 일이 있나요?"

"예 방학 때마다 한 것 같습니다."

"읽은 책에서 어떤 교훈을 얻었는지 쓰는 것이 재미있고 즐거웠나요?"

그 학생은 대답 대신 머리를 긁적이며 웃었다. 다른 학생들도 따라서 웃고 나도 웃고 말았다. 대학생이 되어 스무 살이 넘으면 이미 어른이다. 누가 지적하여 되살리지 않으면, 어른이란 자신의 어렸을 때 느끼던 심정을 기억하지 못하는 사람들이다. 대체로 부모들도 마찬가지이다.

6

연령대의 이야기해주기, 읽어주기

우리나라는 세계적으로 인터넷 보급이 잘된 나라이다. 통신 기술이 발달할수록 접하게 되는 정보에 시골과 서울이 따로 없고 어른과 아이가 따로 없는 세상으로 변해간다. 예전 같으면 아이에 속하던 아이들이 지금은 아이도 아니고 어른도 아닌 별도의 세대를 형성해가고 있다. 이른바 트윈세대라는 것이다.

트윈세대란 대체로 8살에서 12~13살에 이르는 나이대로 인터넷이나 텔레비전 같은 전자매체를 통해 주워들은 지식이 풍부하다. 이들은 원래 어른으로 이행해가는 13살에서 19살 사이의 틴(teen)세대보다 어린아이들이지만 의식주만이 아니라 생각하는 방식도 어른 흉내를 제법 내려고 한다는 것이다.

이 아이들은 어른처럼 유행에 민감하고 바쁘게 살아간다. 몰래 하는 일이기는 하지만 어른에게도 꼭 필요하지 않은 기호품인 담배와 술을 맛보기도 한다. 금연이라는 단어가 중학생, 나아가 초등학생들을 대상으로 거론된다. 이렇게 어린 시절이 없이 어른이 되어버리는 것, 몸에 맞지 않은 옷을 걸친 것과 같이 변화하는 것은 텔레비전이나 인터넷과 같은 대중매체가 보여주는 내용에 크게 영향을 입는다.

아이들은 심리적 또는 정신적으로 그러한 매체들이 쏟아내는 정보를 소화하여 판단할 수 있는 나이가 되기 전에 지나치게 노골적인 악에 무시로 노출된다. 어른들이라면 그렇지 않지만 아이들은 판단능력이 부족하므로 보여지는 화면을 액면 그대로 받아들인다.

텔레비전이나 인터넷은 매체 자체로는 아무 죄가 없다. 편리한 도구일 뿐이다. 이 매체는 아이들에게 신나는 즐거움을 주기도 하고 훌륭한 교육의 기회를 주기도 한다. 그러나 큰 위험을 주기도 한다.

원래 그림은 글에 비해 자극성이 강하여 같은 이야기라도 글로 표현한 것보다 그림으로 표현하면 더 자극적이다. 그런데 설상가상으로 이 매체를 운영하는 사람들은 계속적으로 신기한 정보를 제공하여 시청자를 사로잡기 위해 사회의 금기사항들을 방영한다.

또 이 매체는 개인이나 사회의 비리, 비밀 등을 자주 폭로한다. 이런 일들은 누군가 공개되기를 꺼려하는 것이므로 거의 대부분이 좋은 내용이 아니다.

뿐만 아니라 화면에 등장하는 사람들이 기괴한 차림을 한다든지, 저속한 말을 쓴다든지, 너무 경박한 성적 노출 등은 그것이 범죄는 아니더라도 아이들에게 좋은 것이 못된다. 그러나 아이들에게는 따라 하고 싶은 대상이 된다.

아이들은 옛날이나 지금이나 언제나 아이들이다. 자라나는 과정에 있다. 이들은 부끄러움, 망설임 같은 감정을 갖는 과정을 거치면서 어른으로 성장하는 것이 좋다. 그런데 요즈음 아이들에게는 이런 감정이 점점 사라지고 있다.

어른이 된다는 것은 판단에 대한 자기 나름의 확고한 생각을 갖는다는 뜻이기도 하다. 이렇게 되기까지 아이들은 자신의 판단을 유보하여 더 좋은 판단을 하는 어른들을 보고 배우면서 그러한 판단에 확신을 가질 수 있는 시간을 갖도록 해야 한다. 그러나 이들이 보고 배우는 것은 텔레비전이나 인터넷의 따라하기 쉬운 것들이다. 그것이 물건이라면 정성스럽게 공들여 만든 것이고 그것이 생활이라면 정중하고 예의 바르고 선을 고양하는 것이어야 아이들에게 도움이 될 텐데 그렇지가 않다.

한편 어린이문학에서도 금기사항으로 여겨오던 부분이 점차로 금줄을 거두어가고 있는 현상을 보게 된다. 이러한 경향 역시 선동적, 충동적인 전자매체들의 내용 불량이 가져오는 변화의 영향이라고 여겨진다. 그러나 매체의 기술은 발달하고 그 내용의 예술성은 이를 따르지 못한다고 해서 이 매체들을 외면하고 살 수 없는 것이 생활이다.

그러므로 아이를 기르는 부모는 판단력과 자기조절능력이 충분히 발달하지 않은 아이들에게 이러한 위협적인 요소를 가능한 한 멀리하고 잘 조절하면서 한편으로 판단력과 자기조절능력을 길러주는 것이 우선일 것이다.

부모들은 다른 무엇보다 이런 일에 힘써야 한다. 이 책의

2장에서 말한 대로 아이들에게 이야기를 들려주고 읽어주는 것은 가치관을 확립하고 판단력과 자기조절능력을 키우기 위한 좋은 방법이다. 이야기를 들려줄 때 또 책을 읽어줄 때 아이들 편에서 듣기에 뻔한 교훈 이야기나 잔소리로 들리는 이야기가 아니고 재미있으면서 은연중에 깨닫게 하는 이야기를 들려주며 대화를 터야 한다.

그러기 위해 부모는 책을 볼 줄 아는 안목을 가질 필요가 있다. 어떤 책이 우리 아이에게 좋은지 좋지 않은지를 볼 줄 알도록 공부도 해야 할 것이다.

특히 화려하고 그럴 듯한 포장에 판매고를 높이는 데만 신경을 쓴 책들, 재미를 추구하는 아이들을 겨냥하여 본능적 욕심, 자기 중심의 이기주의, 즉각적 보상을 추구하는 충동적 행위 등을 은연중에 부추기는 책들을 구분해낼 수 있어야 한다. 동시에 지적 수준을 높이고 미적 감각을 풍부하게 하며 도덕적 생활을 실천하는 데 도움이 되는 책을 알아보는 안목이 있어야 한다.

얼마 전부터는 아이들을 대상으로 하는 책에서 사회의 부정적인 측면을 다루는 경향이 두드러지고 있다. 예를 들면 거짓과 속임, 이혼, 성폭력과 같은 내용이다. 우리나라에 아직 번역되지는 않았지만 동성애 부모와 사는 아이를 주제로 한 이야기 그림책도 출판되었다. 이런 책에 대해서 어떻게 생각하는 것이 좋을까?

아이들을 위한 문학작품이나 영상매체에 등장하는 부정적 요소를 더 이상 금기사항으로 두지 않으려는 경향을 두둔하는 사람들도 있다. 이들의 가정은 악이란 어느 사회에나 존재하는 것이고 아이들도 현실을 딛고 살아가는 존재이므로 이들이 당면하는 혹은 당면할지도 모르는 문제를 모르고 있기보다 아는 것이 어쨌든 도움이 된다고 보는 것이다.

그러나 반드시 그런 것은 아니다. 희망을 주는 건설적 가치에 대한 교육이 충분하지 못하고 정직, 용기, 친절, 관대함과 같은 장려해야 할 덕목이 어떤 것인가를 들어보지 못한 아이들은 행하기 어려운 고상하고 선한 것보다는 쉽고 편리하고 당장 이로운 이기심에 맞추어 행동하는 것이 당연하다고 생각할 것이다.

이미 2장과 3장에서 길게 말한 바와 같이 잘 조정된 적절한 이야기는 아이들에게 여러 가지로 이롭다. 한마디로 아이들의 삶의 세계에 질서를 심어준다. 많은 아이들의 삶이 그렇다면 그들이 자라서 만드는 앞으로의 우리 사회는 질서 있는 아름다운 사회가 될 것이다.

필독도서목록은 절대적인 것이 아니다

공공도서관 어린이 사서들은 소위 필독도서목록을 들고 와서 그 목록에 있는 특정 책을 빌리겠다고 하는 부모들을 종종 만난다. 자기 아이가 1학년이므로 1학년 필독도서목록에 있는 바로 그 저자의 그 제목의 책이어야 한다는 것이다.

필독도서목록은 책을 선정하는 사람이 양심적이고 성실하다는 전제하에서, 대체로 그 나이 또래 아이들의 독서 수준에 맞은 책을 목록 해놓은 것으로 생각하면 좋다. 그러나 어느 아이에게나 최상의 것은 아닐 수 있다고 보아야 한다.

아이들의 독서 능력은 물론 들어서 이해, 감상하는 수준도 천차만별이므로 그 수준에 맞추고 아이의 흥미와 기호를 고려하는 것이 책을 고르는 방법이다. 세상에 태어나서 비슷한 기간의 시간을 살아왔지만 가정이나 학교, 친구와의 관계 등에서의 경험과 의도적인 교육에서의 지적, 정서적 훈련의 차이 등등이 개인차를 아주 크게 만들어낸다. 자연적으로 나이가 많을수록 그 차이는 점점 더 크고 다양해질 수밖에 없다.

아이의 수준과 흥미, 기호는 그 부모가 잘 알 수 있다. 그러므로 부모는 필독도서목록을 기준으로 참고하되 절대적인 것으로 오해하지 않는 것이 현명하다. 오히려 1학년 아이를 위한 책을 고르려면 그 위의 학년들 목록이나 아래 유치원 아이들의 필독도서목록도 고려하는 것이 좋다.

공공도서관에서라면 그 목록들을 보이면서 담당 사서와 의논하는 것이 최상의 방법이다. 사서는 전문적인 훈련을 받은 사람이고 또 직업으로 어린이 책을 다루는 사람이므로 전문적인 공부를 하지 않는 부모보다는 책에 대해 훨씬 더 많이 알게 되어 있다.

사서들이 잘 모르는 것은 도서관에 오는 아이들 개인 개인에 대해서일 것이다. 그 대신 부모는 자기 아이에 대하여 잘 아는 사람이므로 사서와 부모가 의논하면서 책을 고른다면 문헌정보학의 교과서에 쓰여 있는 방식대로 책을 선정하게 되는 것이다.

아이에게 읽게 하려는 경우나 읽어주기를 위해서라면 모르지만 부모가 이야기로 들려주려면 이야기를 가감할 수 있으므로 어느 학년의 필독도서라는 것이 크게 문제되는 것이 아니다. 어려운 것은 쉽게 고쳐서 들려줄 수 있을 것이다. 또 맞지 않는다고 보는 부분은 삭제하고 들려줄 수 있는 것이다.

여기에 연령별로 나누어 설명하는 부분은 어디까지나 일반적이고 대체적인 연령대의 아이들의 특성을 말하는 것이다. 운동 경기에서 보면 어느 선수나 출발하는 시점은 같으나 시간이 지나면서 차이가 난다. 아이들의 성장도 출발점에서는 거의 같으나 성장하는 과정에서 정도나 방향이 달라지므로 차이가 생긴다. 그러므로 어린 유아들에서는 거의 비슷한 경향을 보일 것이다. 점점 나이가 들게 되면 아이의 개별성을 고려하는 것이 맞는 방법이다.

0~2세 : 감각적 인상을 심어준다

영아들은 어휘나 책에 집중할 수 없다. 단지 친근한 얼굴을 향해 눈을 돌리고 소리의 높낮이를 알아차린다. 이런 아기들에게는 안아주면서 따듯함, 안정감을 느끼도록 어떤 말이거나 다정한 목소리로 얼러주는 것이 이야기하는 것이다.

만 1살이 지나 아장아장 걷게 되면 '엄마, 아빠', 또는 주변의 물건들의 이름을 알게 된다. 사물과 그 사물을 부르는 소리를 연결하여 기억하고 가리킨다. 이 때부터 소위 개념 책(concept book) 또는 가리키는 책(pointing book)이 흔하게 사용되는 좋은 도구이다. 이 책들은 이야기가 있는 것이 아니고 아기들 주변에서 흔히 볼 수 있는 물건의 그림이 그려진 책이다. 젖병, 우유, 공, 사과, 자동차, 강아지, 신발 등.

책을 펴놓고 어른이 "공이 어디 있지?" 하면 아기가 공이 그려진 그림을 가리킨다. "정말 거기 공이 있네. 우리 아기 잘도 맞추지." 하면서 꼭 안아주고 칭찬해준다. 이런 과정을 통해 어른은 아이와 친밀해진다.

이 아기들은 바스락거리고 돌아다니기에 분주하여 가만히 앉아서 듣거나 이야기를 알아들을 수 없다. 단순한 단어 알아맞히기가 곧 이야기이다. "똘똘이 코 어디 있어요?" 하면 아기는 자기 코에 손가락을 가져가면서 자신이 그것을 안다는 것을 기뻐한다.

만 2살이 가까워오면 줄거리가 아주 짧은 이야기나 거의 줄거리가 없는 하루 생활을 그린 책이 사용될 수 있다. 이 아기들에게는 잠에서 깨어나 옷을 갈아입기, 이를 닦고 세수하기, 밥

먹기, 놀기, 다시 잠자리에 들기와 같은 내용의 그림을 보는 것이 세상에 대한 새롭고 신기한 탐색이다. 아기들은 이런 이야기에서 자기가 사는 세계에 대해 알게 된다. 이 지식들이 나중에 더 복잡한 이야기를 듣거나 읽게 될 때 배경지식이 되어 이해를 빠르고 쉽게 하는 것이다.

3~4세 : 독립심과 상상력을 북돋운다

아기가 말을 제법 잘하기 시작하면 어른의 말을 듣지 않고 반대로 해보려고 시도한다. 자신의 정체성을 확인하려는 행위로 볼 수 있다. 옛날의 미운 일곱 살은 요즈음의 미운 다섯 살(만 나이로는 3~4살)이 된 셈이다. 이때 아이들은 어른의 말을 듣지 않고 제멋대로 하는 이야기가 재미있다. 또 무서운 이야기도 흥미 있어 하는데 반드시 끝마무리는 행복하게 끝나기를 기대한다.

자신의 정체를 확인하며 독립을 주장하면서도 결국은 안전한 것에 의존하려는 마음이 이 또래 아기들이 갖는 두드러진 심리이다. 이런 심리에 잘 부합하는 전형적 이야기가 비트릭스 포터의 *토끼 피터 이야기*라고 생각된다.

토끼, 피터는 엄마 토끼의 말을 듣지 않고 맥그리거 씨의 채소밭에 가서 홍당무 등을 뽑아 먹다가 주인에게 들키고 아슬아슬하게 겨우 도망쳐 나온다. 신발과 외투를 잃어버리고 땀이 범벅이 되어 돌아오니 아프기 시작한다. 그러나 그 아슬아슬한 경험을 하고도 결국은 안전하게 집에 돌아와 모두가 안심하게 된다는 이야기이다. 이 이야기는 초판이 1902년, 출판된 지 100년이 넘은 이야기이지만 지금도 전 세계의 아이들이 즐기는 이야기이다.

또 이 무렵의 아기들에게는 다른 사람에 대한 배려를 주제로 한 이야기가 좋다. 아기들은 자기가 좋아하는 과자를 다른 사람이 먹으면 먹지 못하게 하거나 자동차나 곰 인형 같은 장난감을 혼자서 독차지하려고 떼를 쓰기도 한다. 세상에 태어난 지 얼마 되지 않는 아기의 입장에서는 다른 사람도 먹고 싶고 갖고 싶어 한다는 생각을 하지 못할 것이다. 물건을 나누고 사이좋게 같이 노는 이야기를 통해서 친구를 사귀고 같이 노는 즐거움을 배우게 될 것이다.

세 살이 꽉 차가는 아이들에게서 보는 현상은 이들에게 상상의 친구가 있다는 것이다. 필자의 손녀, 예지는 꽤 오랫동안 보이지 않는 상상의 친구가 있었다. 혼자 놀면서 상상의 친구와 1인 2역의 대화를 하는데 그 말하는 내용을 자세히 들어보면 논리성이나 일관성이 없어서 말이 되지 않는다.

이런 아이에게 이야기를 해줄 때 듣는 아이의 실제 이름과 상상의 친구의 이름을 이야기에 등장시켜서 이야기를 꾸며 들려주면 아이들은 아주 좋아한다. 예를 들면 "옛날에 예지라는 여자 아이와 연주라는 예지의 친구가 있었는데 색연필로 그림 그리기 놀이를 했대요. 예지는 예쁜 공주 얼굴을 그렸는데 ……." 이런 식으로 손녀인 예지가 상상의 친구와 놀 때 실제로 있음직한 이야기를 꾸미는 것이다. 아이는 흥미진진하여 듣게 된다.

4~6세 : 독립심, 상상력, 사물에 대한 이해와 해석의 추구

아이들이 말을 할 줄 알게 되는 시기 이후는 계속적으로 독립심과 상상력이 자란다. 무서운 이야기를 즐기는 심리도 독립심의 신장과 관련이 있다. 4살 이후 아이들에서는 한발 나아가 자신이 접하는 세상 지식을 이해하고 해석하고 싶어한다. 질문이 많다. "왜 이렇게 됐어요? 왜 해요?" 이런 말을 달고 다닌다.

그림책으로 윌리엄 스타이그의 *당나귀 실베스터와 요술조약돌*(이상경 옮김. 다산기획, 2000)이나 한스 아우그스토 레이의 *개구쟁이 꼬마 원숭이 시리즈*(*따르릉 따르릉 비켜나세요, 병원소동, 아프리카여 안녕.* 이선아 옮김. 시공주니어, 2000. 3책) 등은 이 나이의 아이들의 심리에 잘 맞는 이야기들이다.

당나귀, 실베스터는 독립적으로 세상을 탐험하러 나갔다가 요술에 걸려 조약돌로 변하는 위험을 겪게 된다. 여기서 아이들은 실베스터를 잃은 부모가 실베스터를 찾으려고 애쓰는 모습을 보게 된다. 옆에 있으면서도 알아보지 못하고 말도 안 통하는 것을 아주 안타까워한다. 다시 실베스터로 변하여 부모를 만나게 될 때 아이들은 정말 다행한 마음을 느낀다. 이 나이의 아이들이 좋아할 만하다.

호기심이 많은 장난꾸러기 원숭이, 죠지도 위험한 모험을 하고 아슬아슬하게 빠져나와 무사히 집에까지 돌아가는 이야기들이다. 이야기 속의 죠지는 아이들 자신의 실제의 경험이나 느낌을 재현해 보여준다.

이런 이야기들은 아이들이 막상 겪게 되는 위험한 지경의 두근두근한 마음과 자신이 안전한 곳(부모나 가정)으로 돌아가서 느끼는 안도감이 자신들만이 갖는 느낌이 아니라는 것을 알려준다. 동시에 그들의 감정이 정상적이며 적절하여 또 다른 탐험이나 모험을 해도 좋다는 안심을 갖게 한다.

6~8세 : 학교와 그 밖의 세상에 대한 탐구

만 6살이 지나 7살이 되어가는 나이의 아이들은 이제 곧 유치원이나 어린이집과는 다른 초등학교에 가게 된다. 유치원이나 어린이집에서도 선생님과 친구들을 사귀고 놀기는 하지만, 엄격하게 말해서 학교는 아이들이 가정 밖의 세상으로 나서는 최초의 사회라고 할 수 있다. 기대와 흥분이 섞인 다양한 경험이 예상되는 곳이기도 하다.

이때 아이들은 그들이 잘 아는 가정과 가족 이야기 그리고 이제 탐험해가려고 하는 새로운 세계에 대한 이야기를 잘 받아들인다. 새로운 세계란 친구, 학교, 선생님, 이웃 사람들, 동물 등 가족 이외에 알게 되는 대상들에 관한 것이다.

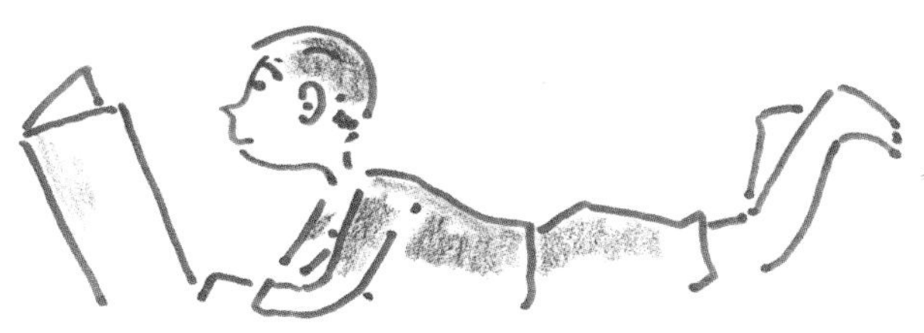

벌써 글을 읽고 수를 셀 줄 아는 아이들이 많다. 그러나 이들에게 책을 읽도록 시키려고 애쓰지 말고 계속해서 이야기를 들려주거나 읽어주는 것이 좋다. 아이가 책을 읽을 때 이야기로 들은 이야기나 읽어주기로 들은 이야기를 스스로 읽으면 이해가 빠르고 잘 읽혀지므로 읽기 연습에 도움이 되기도 한다.

읽을 줄 알더라도 계속해서 이야기해주고 읽어주어야 하는 이유가 있다. 대체로 중학생이 되기까지는 읽는 것과 듣는 것의 내용을 이해하는 정도가 다르다. 듣는 것은 훨씬 어려운 것도 소화할 수 있으나 읽는 것은 그만 못하다. 그러므로 읽을 줄 안다고 해서 읽게만 하는 것은 아이의 이야기를 듣는 즐거움을 빼앗는 것이며, 동시에 사고 훈련을 비롯한 여러 가지 이야기해주기나 읽어주기의 혜택을 지체시키는 셈이다.

만 7세에는 학교에 가고 7~8세는 한글을 깨우치는 나이이다. 그렇지 못한 이이들도 있지만 스스로 읽는 것을 즐기는 아이들이 많다. 그렇더라도 읽어주고 이야기로 들려주고 아이가 들은 이야기를 해보도록 할 수 있다.

이야기를 시켜보는 것은 말하기를 잘하게 연습시키려는 의도에서가 아니라, 아이가 이야기하는 것을 즐기기 때문에 이야기를 시키고, 어른들은 그 이야기를 경청하고 칭찬하는 것이 되도록 한다. 그래야 아이들은 어른이 들려준 이야기를 되이야기할 수 있어야 한다는 의무감을 갖지 않고 즐기게 된다.

7

그림책 소개

고 녀석 맛있겠다 / 미야니시 타츠야 글 · 그림 ; 백승인 옮김. 파주 : 달리, 2005.

아이들은 공룡의 이야기를 좋아한다. 공룡의 이름을 한두 개씩 외우고 다니기도 한다.

*고 녀석 맛있겠다*는 창작이면서도 실제의 공룡 종류의 이름을 특정 공룡의 이름에 사용하였다. 즉 "아기 안킬로사우루스가 태어났습니다."라고 한다.

티라노사우루스는 뜻하지 않은 상황에서 자기를 아빠라고 생각하는 초식공룡 아기 안킬로사우루스를 차마 잡아먹을 수 없다. 잡아먹지 않고 아기 안킬로사우루스를 '맛있겠다'로 부른다. 그리고 위험에서 지켜준다.

글의 흐름이 주제를 자연스럽게 또 재미있게 표현하였다. 특히 이야기의 마지막에서 어린 초식공룡 '맛있겠다'를 그들의 무리로 보내주는 육식공룡 티라노사우루스의 선택이 따듯한 정서를 느끼게 한다. 아이들에게만이 아니라 누구에게나 좋은 이야기이다. 번역 문장도 자연스러워 읽어주기에 좋다.

그림은 원색적이고 강한 느낌의 색깔에 선이 단순하다. 발달심리학자들에 의하면 이러한 그림이 아주 어린아이들에게 적합하다.

쉿쉿! / 백은희 그림 · 김춘효 글. 비룡소, 2003.

현대사회의 아빠는 아이와 놀아줄 시간이 없다. 집에서 혼자 놀기에 익숙한 아이들은 집안을 난장판으로 만들기 일쑤다. *쉿쉿!*은 이러한 상황을 재미있게 풀어냈다.

엄마는 아프고 아빠는 엄마 대신 집안일에 바쁘다. 혼자 놀고 있던 송이에게 "멍멍" 강아지가 같이 놀자고 한다. 아빠는 조용히 하라며 "쉿쉿!" 한다. 그러나 송이는 고양이, 오리, 닭, 염소 등 동물들과 신나게 논다. 그래서 방을 엉망으로 만든다.

이 모습을 반복적인 구조로 이야기하여 글과 그림에 율동감을 준다. 빗자루를 들고 방으로 들어온 아빠가 송이를 꾸짖는다. 그러나 아빠도 송이와 재미있게 논다.

꾸지람 듣는 아이의 입장을 표현하면서도 갈색 계열의 그림이 부드러움을 준다. 펼쳐진 페이지 오른쪽이 송이가 노는 그림이고 왼쪽은 글을 적었다. 아래쪽 구석에 작은 그림으로 집안일을 하는 아빠의 분주한 모습을 그렸다.

오른쪽 그림과 왼쪽 작은 그림을 겹쳐보며 상황을 종합적으로 판단하게 한다.

아빠와 아이가 함께 울고 노는 이야기의 끝 장면은 이 책을 보는 아이들에게 안도감과 기쁨을 주지 않겠는가!

땅속나라 도둑괴물 / 조대인 글 · 홍성찬 그림. 보림, 1996.

조대인은 잘 알려진 아동문학인이다. 동화집, *삼재골의 웃음소리*, *버드내 아이들*이 있고 옛이야기 그림책으로 *땅속나라 도둑괴물* 외에 *팥죽할머니와 호랑이*, *바리데기*, *반쪽이*를 펴냈다.

*땅속나라 도둑괴물*은 새신랑이 각시를 빼앗아간 도둑괴물을 물리치고 승리하는 이야기다. 극적인 사건과 모험을 짧은 문장으로 구현하였다. 읽어주기에 아주 편한 문장이다.

> "옛날 옛적에 어떤 총각이 살았습니다.
> 총각은 예쁜 처녀한테 장가를 갔답니다.
> 그런데 결혼식을 마치고 집으로 돌아가는 길이었어요.
> 갑자기 무시무시한 도둑괴물이 나타났어요. ……."

홍성찬의 그림은 어린이 그림책에서 흔히 보는 아기자기하고 귀여운 투의 그림과는 거리가 멀다. 펼쳐진 전체 페이지에서 느껴지는 스케일감, 한복을 입은 등장인물, 어두운 느낌의 분위기, 그러나 그림은 힘이 넘치고 사실적이다. 그림책, *땅속나라 도둑괴물*의 주제에 아주 잘 맞는 그림이라고 생각된다.

코끼리 형님의 나들이 / 나카노 히로다카 글・그림 ; 이영준 옮김. 한림출판사, 2005.

커다란 코끼리가 나들이를 가는데 하마를 만나 등에 태우고, 이어서 악어, 거북이까지 태우게 된다. 무거운데도 친구들을 한 명, 한 명 등에 태우고 나들이를 가다가 연못에 풍덩 빠진다는 간단한 이야기다.

두 살 또는 세 살짜리 아기는 아빠의 등에 올라탔다가 미끄러져 떨어지는 재미난 경험이 있다. 동물들도 연못에 빠졌어도 울지 않고 모두 즐겁다. 코끼리가 코로 뿜어내는 물놀이도 재미있다. 아기는 책에서 자신의 놀이를 보는 것 같다.

그림이 좋다. 유아들의 눈에 맞추어 사물을 단순화하고 가장자리 선을 넣어 물체와 배경을 구획해 주었다. 둥근 선을 많이 사용하여 부드러운 느낌을 준다.

아기와 함께 책장을 넘겨 그림을 보며 반복해서 이야기해주면 아기도 책을 보고 이야기하기를 배울 것이다.

나카노 히로다카의 다른 작품으로는 *코끼리 아저씨의 산책*, *수영*, *마리코와 작은 고양이* 등이 있다.

시리동동 거미동동 / 권윤덕 글·그림. 창비, 2003.

제주도 꼬리따기 노래를 소재로 한 이야기이다. 아이가 그림의 오른쪽으로 난 길을 따라 가며, 토끼와 까마귀를 만나고, 바위에 올라가서 감자를 나눠 먹고, 까마귀 등에 타고 하늘을 날아 바다에서 엄마를 찾고 만난다.

이야기가 진행되는 동안 반복해서 나타나는 오른쪽 길은 그림에서 보는 리듬이다. 리듬이 있는 글, 리듬이 있는 그림, 어른과 아이가 함께 보며 읽어주기 좋은 요소다.

그림이 깨끗하고 산뜻하다. 인물들을 대조되는 색으로 정겹게 그려주었다. 꽉 찬 배경의 페이지와 하얀 여백의 페이지가 반복되어 독자의 눈을 쉬게 한다.

그건 내 조끼야 / 나카에 요시오 글 · 우에노 노리코 그림. 비룡소, 2000.

짧은 문장이 반복된다. 반복되는 문장은 등장인물이 오리, 원숭이, 물개, 사자, 말, 코끼리로 점점 커지면서 책을 읽는 목소리도 따라 커지게 되고, 자연스럽게 리듬을 타게 된다.

생쥐는 엄마가 짜주신 조끼를 입고 나가 자랑한다. 오리가 그 조끼를 보고 멋지다며 한번 입어보자고 한다. 생쥐는 서슴없이 "그래." 하고 대답한다. "정말 멋진 조끼다! 나도 한번 입어보자." / "그래." / "조금 끼나?"

그러나 친구들이 한번씩 입어보는 바람에 조끼는 늘어나 버린다.

이야기는 거기서 끝나지 않고, 판권지 윗부분의 늘어난 조끼를 입은 생쥐에게 그네를 태어주는 코끼리 그림으로 이어진다. 늘어난 옷이 미안해서 그네를 태워주는 코끼리를 보는 독자들은 미소를 머금게 된다.

초록색 바탕의 흑백그림 속에 조끼만 빨간색으로 그려서 조끼가 더욱 시선을 끈다. 동물들이 "조금 끼나?"라고 말하면서 작은 조끼를 입고 불편해하고 미안해하는 표정이 재미있다.

아이들은 어른이 읽어줄 때 그림을 보면서 또는 스스로 읽으면서 "조금 끼나?"라는 말을 반복하여 말을 배우게 된다. 또한 점점 커지는 동물을 보고 크다 작다의 비교 개념을 익힐 수 있다.

짧은 귀 토끼 / 다원시 글 · 탕탕 그림 ; 심윤섭 옮김. 고래 이야기, 2006.

*미운 오리새끼*처럼 남과 다른 외모에 콤플렉스가 있는 사람들이 있다. 이 책의 주인공 '동동이'도 다른 토끼들과 달리 짧은 귀 때문에 고민한다. 고민을 극복하기 위해 동동이는 귀를 크게 하려고 적극적인 노력을 한다.

당근이랑 양배추를 많이 먹기도 하고, 빨래집게로 귀를 집어 빨랫줄에 매달리기도 하고, 매일 아침 귀에다 물을 주기도 한다.

이런 여러 가지 노력에도 귀가 커지지 않자 동동이는 밀가루 반죽으로 빵을 만들어 하얀 생크림을 발라서 가짜 귀를 만들어 붙인다.

콤플렉스를 가진 토끼가 그 콤플렉스와 싸우고 이기려는 모습이 독자에게는 장하고 재미있다. 뿐만 아니라 자신의 약점을 긍정적으로 극복하려는 토끼의 태도가 아이들에게 본보기로 들려줄 만한 이야기라고 생각된다.

색감이 강렬한 아크릴 안료를 사용하였으나 필치가 부드럽다. 동동이의 표정을 잘 살렸다. 다양한 장면들이 긴박한 이야기의 흐름과 조화를 이룬다.

진짜 사나이 / 마누엘라 올텐 글 · 그림 ; 조국현 옮김. 토마토하우스, 2005.

마누엘라 올텐의 첫 그림책인 *진짜 사나이*는 2004년 올덴부르크 청소년 도서상을 수상한 작품이다.

두 사내아이가 여자애들은 따분하고 지루한 아이들이라고 서로 맞장구를 치며 말한다. 여자애들은 하루 종일 인형이나 만지작대며 인형 옷을 입혔다 벗겼다 하거나 겁이 많아 잠을 잘 때도 인형을 꼭 안고 밤에 오줌을 싸기도 한다고 신이 나서 이야기한다.

이 두 사내아이는 형제인 듯하다. 둘이서 침대에 나란히 누워 여자아이들의 행동을 흉내 내며 사나이다운 면모를 유감없이 내보인다. 하지만 귀신이라는 말이 나오자 아이들의 사나이다운 모습은 사라지고 어느새 여자아이처럼 인형을 안고 여자동생 곁에서 잠을 청한다.

그림이 시원스럽고 재미있어서 책장이 쉽게 넘겨진다. 익살스럽고 장난스러운 아이의 표정을 잘 표현했다. 큼직하게 쓴 글은 단순하면서 유머스럽다. 소리 내 읽으면 반복되는 것이 하나의 놀이처럼 느껴지면서 리듬감이 있다.

숲 속에서 / 마리 홀 에츠 글·그림 ; 박철주 옮김. 시공주니어, 2003(초판 1998).

우리나라에서 간행된 마리 홀 에츠(1893~1984)의 다른 작품으로 *나랑 같이 놀자*, *안녕 아가야*, *바로 나처럼*, *크리스마스까지 아홉밤*이 있다.

*숲 속에서*는 숲 속의 동물들이 숲 속을 산책하는 어린 아이를 차례차례 따라 나선다. 한참 가서 식탁에 둘러앉아 땅콩과 잼과 아이스크림과 케이크를 먹은 후 논다. 수건돌리기, 숨박꼭질을 한다. 동물 친구들이 꼭꼭 숨어서 보이지 않으면 이제는 놀 만큼 다 놀았을 때이다. 아빠가 나타나서 목마를 타고 돌아온다. "안녕! 멀리 가지마! 다시 산책하러 와서 너희들을 찾을게."

이야기는 어린 아이가 하고 싶은 것을 모두 하고 있는, 그래서 마음이 행복한 것을 보여준다.

글을 소리 내 읽으면 시를 읽는 기분이다. 무채색의 명암처리만으로 그려진 그림이 잔잔하고 안정된 분위기를 돋운다. 큰 동물에서 작은 동물까지 줄서서 평화롭게 걸어가는 모습이 더욱 그렇다. 지금은 현란한 색과 큰 목소리로 주위를 끌지 않더라도 조용히 귀 기우려 듣는 것이 필요한 시대가 아닌가!

꼬마 생쥐의 새 집 찾기 / 페트르 호라체크 지음. 문학동네 어린이, 2005.

이야기의 구성이 누적적이다. 어느 날 꼬마생쥐는 커다란 사과를 발견하고 집으로 가져가려고 하지만, 굴의 입구가 작아서 사과를 집으로 들여놓을 수 없다. 생쥐가 새 굴을 발견하고 굴속에 있는 동물에게 '나랑 내 사과가 들어갈 만한 큰 집이 필요해.'라고 설명한다. 동물들은 생쥐와 같이 지내지 못하는 저마다의 이유가 있다.

생쥐가 찾아내는 굴은 점점 커지는데 생쥐의 사과는 점점 작아진다. 돌아다니다 배가 고파서 갉아먹었기 때문이다. 밤이 되어 생쥐는 사과와 생쥐에게 딱 맞는 집을 발견하고 들어가 잠자리에 드는데 그 굴이 원래 생쥐의 굴이었다. 아이들은 그림을 자세히 보고, 거기 놓인 침대와 항아리가 원래 생쥐의 굴에 있었던 것을 알고 기뻐한다.

굴속 장면은 검은 색이지만 구멍 밖으로 보이는 장면은 밝다. 굴속은 이 밝은 장면과 대조를 이루며 정말 굴속처럼 느끼게 그렸다.

디자인상 특징은 페이지에 나 있는 구멍이다. 펼쳐진 페이지마다 구멍이 하나씩 있고, 그 구멍으로 다음에 어떤 장면이 펼쳐질지를 예상할 수 있는 힌트가 보인다. 아이들은 자신이 예상한 다음 장면이 맞아떨어지는 즐거움으로 책장을 넘긴다.

돌돌돌 내 배꼽 / 허은미 글 · 김선숙 그림 ; 조은화 꾸밈. 웅진주니어, 2006.

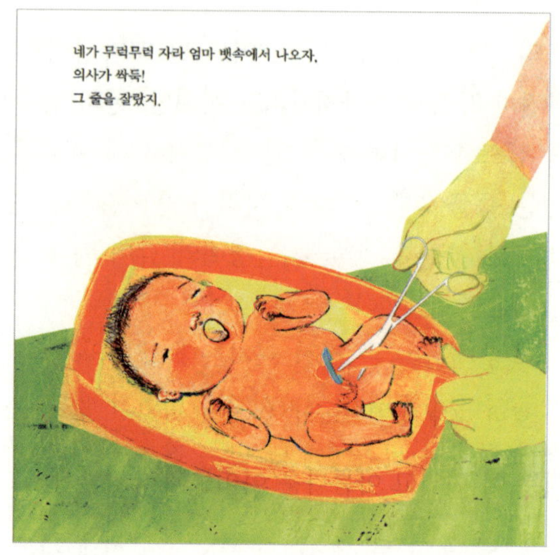

아주 작은 열매였던 배가 싱싱한 과일로 열매 맺기까지의 과정과, 아주 작은 모습의 아기가 엄마 뱃속에 있을 때부터 태어나기까지의 과정을 비유적으로 그렸다.

"그 줄이 뭐냐고?" "그런데 참 이상하다! 우리 집 강아지는 왜 배꼽이 없지?" 그러나 강아지 등 포유류는 배꼽이 있다.

"탯줄은 우리가 엄마 뱃속에서 태어났다는 표시야. 그 사랑의 기념품이야!" 이것이 배꼽의 의미이다.

엄마와 아이가 함께 책을 보면서 자연스럽게 궁금한 것을 질문하고 설명하는 데 도움이 될 만하다.

아저씨 우산 / 사노 요코 글·그림. 비룡소, 1999(1996 초판).

사노 요코는 일본 그림책 작가로 대체로 *100만 번 산 고양이*, *나는 아빠가 좋아*, *하늘을 나는 사자* 등 10여 권의 그림책이 우리나라에 번역 출판되었다.

아저씨는 비오는 날 우산이 젖을까봐 우산을 펴지 않는다. 작은 아이가 와서 우산 좀 씌워 달래도 딴청부리는 사람이다. 그러나 "통통아, 우산 없니? 나랑 같이 쓰자." 우산을 가진 조그만 여자아이가 우산 없는 아이에게 제안하고 같이 쓰고 가면서 노래한다.

"비가 오면 퐁포로롱 / 비가 오면 핏짱짱"

아저씨는 이 귀엽고 아름다운 아이들의 노래를 듣고 자기도 우산을 쓰고 빗속을 걸어보고 싶은 마음이 생긴다.

"비가 오면 퐁포로롱, 비가 오면 핏짱짱."

반복하여 읽어주면 아저씨처럼 따라 한다. 한 돌 지나 이제 막 "엄마, 아빠"를 발음할 수 있는 아기도 "우산" 하면 손가락으로 우산을 가리키고, "아저씨" 하면 아저씨를 가리킨다. 그만큼 그림이 단순하면서 이야기를 따라 말한다.

아저씨 우산은 가르치려는 의도가 전혀 없어 보이는 재미있는 책이다. 그러면서도 가르치고 있지 않은가!

배경이 없이 우산과 인물만이 어수룩하게 그려진 그림 속에, 아저씨의 눈 표정이 글에 묻어나는 아저씨의 심리를 한층 돋아준다.

딸기나라 딸기우유 / 이필원 글 · 그림. 시공주니어, 2005.

저자, 이필원은 무심코 우유팩에 여자아이를 그리다가 이 이야기를 쓰게 됐다고 한다. 그 우연히 그린 그림으로 2004 한국출판미술대전에서 대상을 수상하기도 했다.

딸기나라에는 딸기우유를 무척 좋아하는 '베리'라는 아이가 있었다. 딸기우유 마법사인 베리의 엄마, 아빠는 베리를 골려주기 위해 딸기 우유를 몰래 숨겨 놓는다.

베리는 온 집안을 구석구석 찾아봐도 딸기우유가 없자, 아빠의 실험실에서 마법책을 보며 마법의 딸기우유 만들기를 시도한다. 그러나 거의 다 만든 마법의 딸기우유를 말썽꾸러기 매애가 마셔버리는 등 사고로 실패한다.

결국은 매에의 몸이 온통 빨간색으로 되고 매애는 끊임없이 딸기우유를 펑펑 쏟아낸다. 더 이상 아침마다 딸기우유를 찾는 일을 안 해도 되게 되었다.

좋아하는 음식을 실컷 먹고 싶은 아이들의 모습이 보인다. 이 아이들의 소원은 이루어져야 하는 것이다. 이 그림책이 그 소원을 이루어준다.

글에서는 어른이 하는 말을 찾아볼 수 없다. 오로지 아이들의 상상 세계만을 그려내고 있다. 빨간색의 딸기가 눈에 띈다. 경계가 분명하지 않을 수 있는 부분에서도 그림이 판화인 덕택에 물체의 윤곽이 또렷하여 선명한 인상을 준다.

이슬이의 첫 심부름 / 쓰쓰이 요리코 원작 · 하야시 아키코 그림. Fukuinkan Shoten · 한림, [발행년 미상](원작 발행 1976).

쓰쓰이 요리코의 작품으로 *병원에 입원한 내동생*(1990), *우리 친구하자*(1994), *순이와 어린동생*(1995), *나도 갈래* (2001) 등이 우리나라에 소개되었다. 모두 초등학교 입학 전후, 또는 그보다 좀 더 어린 아이들이 등장하는 이야기다.

*이슬이의 첫 심부름*은 다섯 살 된 여자아이가 처음으로 엄마 심부름을 가는 이야기다. 엄마는 심부름을 시키고 문밖을 내다보고 돌아오는 길에서 마중한다. 심부름하는 동안 일어나는 사건을 아이의 입장에서 기술한다. 그 속에 아이 자신이 느끼는 불안감, 일을 완수하고 돌아오는 스스로에 대한 대견함이 묻어 있다.

가게에 가서 "우유 주세요."라는 말이 안 나오는 어린 아이들이 있다. 가정 밖의 사회에 처음으로 문을 두드리는 소리가 그리 쉬울 수 있겠나.

과장도 치장도 없는 자연스러운 문장, 대화 속에 기승전결의 구도가 있다. 그림은 이야기 진행을 따라 독자의 눈을 끌어가듯 귀여운 꼬마는 빨간 치마를 입었다. 임무를 수행하러 달리듯이 다리를 짝짝 벌리며 걷는 아이의 모습이 봄날 동네 길 배경 속에 잘 도드라진다. 글과 그림이 아이 마음을 이보다 더 잘 표현할 수 있을까!

세상에서 가장 유명한 미술관 / 메리디스 후퍼 글 · 알렌 컬리스 · 마크 버제스 그림 ; 김남중 옮김. 국민서관, 2006(초판 2000).

멍멍, 작고 털이 복실복실한 개가 마루 위로 뛰어내렸어요.

실제로 런던 국립미술관에 전시되어 있는 그림 속의 개들이 일 년에 한 번 열리는 '개들을 위한 밤'을 즐기기 위해 그림에서 빠져나와 놀다가 다시 그림 속으로 들어간다는 이야기이다. 그 중에 네 마리는 그림에서 빠져나왔다가 다시 들어갈 때 원래 있던 그림을 잘못 찾아 다른 그림 속으로 들어갔다. 이 때문에 어리둥절하는 소동이 생긴다.

글과 그림이 모두 재미있다. 프랑소아 위베르 두르에가 1763년경에 그린 "퐁파두르 부인"이라는 그림에서 검정 개 한 마리가 빠져나온다. 이 개는 나오자마자 뒷다리를 들어 몸을 시원하게 긁는다. 원래 그림에서는 그런 자세가 아니고 퐁파두르 부인을 향해 앞다리를 들고 있는 자세다.

고전의 명화를 책 페이지에 모사하고, 수많은 실제 미술관 그림 속의 개들을 사진처럼 그렸다. 이와는 대조적으로 개들의 비밀을 모르고 어리둥절하는 사람들은 선전 포스터에 나오는 사람들처럼 희화적으로 표현하였다. 그림책이 아니라면 이런 표현이 어려울 것이다.

읽어주는 어른과 이야기를 들으며 그림을 보는 아이가 모두 명화에 관심을 갖게 되지 않을까? 필경은 런던 국립미술관에 가보자고 조르는 아이들이 있을 것이다. 개를 좋아하는 사람들은 더욱 재미있겠다.

도서관에 간 사자 / 미셸 누드슨 글 · 케빈 호크스 그림 ; 홍연미 옮김. 웅진주니어, 2007.

사자는 아이들이 좋아하는 동물이다. 하지만 무서워하기도 하는 동물이기도 하다. 사자를 도서관에 등장시켜, 도서관에서는 조용히 해야 하며 뛰어다니면 안 된다는 도서관 예절을 가르치고 있다. 그러나 딱딱한 규칙의 설명이 아니라, 규칙은 반드시 지켜져야 한다는 것을 강조하되 피치 못할 사정이 있을 때는 어쩔 수 없이 큰소리로 말하고 뛰어도 된다는 규칙 아닌 규칙을 보여준다.

사자가 매일 오후 3시에 하게 되어 있는 이야기 시간을 즐기려고 미리부터 도서관에 와서 기다리는 마음이 어린이의 마음을 닮았다. 사자가 규칙을 지키기 위해 노력하는 모습도 어린이의 모습과 닮았다.

대화가 많아서 읽어줄 때 재미있게 할 수 있겠다. 그림의 표정과 움직임이 아주 잘 살아 있다. 아이들은 그림의 표정과 분위기를 느끼며 즐기게 된다.

내 친구 까까머리 / 임정진 글 · 윤정주 그림. 시공주니어, 2007.

2002년 4편의 동화를 수록하여 진선출판사에서 펴낸 동화집, *내 친구 까까머리*에 수록된 "내 친구 까까머리"라는 제목의 동화를 그림책으로 꾸민 것이다.

초파일 한 여자아이가 할머니를 따라 절에 갔다가 같은 또래의 동자승을 만나 절 구경을 하고 재미있는 시간을 보내면서 불교의 전통문화에 대해서도 익히는 이야기다.

부처님 오신 날 불자들의 불교 행사와 절에 있는 물건의 이름 및 절에서의 경험을 알려주는 정보 제공의 의미가 크다. 부록으로 "불교 용어 설명"을 책 마지막 페이지에 수록하였다.

무난한 그림이 대화가 많은 글과 어울린다.

종이봉지 공주 / 로버트 문치 글 · 마이클 마첸코 그림 ; 김태희 옮김. 비룡소, 2004(초판 1998).

로버트 문치(Robert Munsch)의 번역된 다른 작품에 *이상한 크레파스, 언제까지나 너를 사랑해* 등이 있다.

엘리자베스 공주는, "비싸고 좋은 옷이 많았습니다. 또 공주는 로널드 왕자와 결혼하게 되어 있었죠."

그런데 무서운 용이 그 좋은 옷을 다 태우고 왕자를 잡아간다. 공주는 종이봉지를 한 장 주워 걸치고 용을 찾아가서 왕자를 구했으나 왕자는, "엘리자베스, 너 그 꼴이 엉망이구나! ……. 더럽고 찢어진 종이봉지나 걸치고 있고. 진짜 공주처럼 챙겨 있고 다시와!"라고 말한다.

공주와 왕자, 그리고 용은 어린 아이들이 관심을 집중하는 대상이다. 그런데 예상외로 공주는 예쁘게 꾸미지도 않고 행복한 미소를 머금지도 않고, 용감하기만 하다. 이런 공주도 있네! 이 책의 테마는 공주라는 단어에 대한 일반적 생각에 반기를 든다. 또 공주가 용을 제압하는 방법이 아이들을 신나게 할 것이다. 글에 대사가 많아서 목소리 변화를 넣어 읽어주면 재미있다.

펼쳐진 페이지 왼쪽은 글, 오른쪽은 그림을 배치한 매우 공식적인 디자인에 인물과 물체의 가장자리를 가는 검은 선으로 둘렀다. 노랑과 녹색을 많이 사용하였으나 용의 자취, 용의 동굴은 대조적인 짙은 쥐색을 사용하여 분위기를 내었다.

꼬리를 돌려주세요 / 노니 호그로지안 글·그림 ; 홍수아 옮김. 시공사, 2005.

아르메니아 옛이야기로, 남의 물건을 함부로 가졌을 때는 마땅히 그 값을 치러야 한다는 분명한 주제를 담고 있다. 하나의 사건이 다음 사건을 일으키고 또다시 그 사건은 다음 사건으로 이어지게 되는 누적적 유형의 옛이야기이다.

여우는 숲 속을 거닐다 몹시 목이 말라 할머니의 우유를 몰래 다 마셔버리고, 그만 꼬리가 잘린다. 이야기는 여우가 꼬리를 되돌려받기 위해 떠나는 여행의 과정이다.

마셔버린 우유를 가지러 암소를 찾아가고 암소의 요구로 풀을 가져오기 위해 들판으로 가고……. 드디어 우유를 얻어 할머니에게 우유를 가져다주고 할머니는 여우의 꼬리를 제자리에 달아준다.

누적적 옛이야기가 그렇듯이 글은 누적되는 사건의 반복이다. 따라서 글도 반복된다. 읽어주는 이야기를 듣는 아이들은 다음에 올 글의 구절을 예측할 수 있다. 점점 문장이 길어지지만 같은 문장이 반복되면서 이야기를 즐길 수 있다. 반복해서 읽어주면 아이들은 이야기를 즐기면서 말과 글을 익히게 된다.

주황빛 여우와 펼쳐진 페이지마다 떠 있는 노란 빛깔의 해가 전체 장면을 따뜻하게 한다. 1972년도 칼데콧 메달 수상작이다.

고양이 / 현덕 글 · 이형진 그림. 길벗어린이, 2001(초판 2000).

현덕(1909~)은 일본 식민지시대 우리나라에 아동문학 작품이 귀하던 시대에 동화와 소년소녀소설을 쓴 분이다. 해방 후에 식민지시대 때 발표했던 작품을 묶어서 동화집으로 *포도와 구슬*(1946), *토끼 삼형제*(1947), 소년소녀소설로 *집을 나간 소년*(1946)을 내었다. 근래에 출판된 책은 여기 저기 흩어져 있는 현덕의 작품을 모은 *너하고 안놀아*(원종찬 편. 창비, 1995)가 있다.

그림책, *고양이*는 *조선 아동 문학집*(1938)에서 발췌한 것이다(길벗어린이 편집부 제공).

아이들은 놀이도구가 없으면 몸을 도구 삼아 논다. *고양이*는 아이 셋이 그네들 몸으로 고양이 놀이를 하는 모습을 보인다. 어린이가 보면 자기네 마음이 담겼고 어른이 보면 동심으로 돌아가는 느낌을 갖게 된다. 글이 그렇게 간단하고 선명하고 꾸미지 않았다.

그림은 정말 아옹아옹, 아옹아옹하는 것 같다. 아이들은 고양이 모양을 하고 고양이 목소리를 하고 고양이 가던 데를 간다. 더러는 고양이 실루엣을 담아 장면마다 등장하는 아이 셋의 그림이 심심하지 않다. 고양이 놀이를 하는 아이들의 몸놀림이 아이답게 유쾌하고 힘이 있다.

나도 아프고 싶어! / 알리키 브란덴베르크 그림 · 프란츠 브란덴베르크 글 ; 이수연 옮김. 네버랜드 Picture Books[시공사], 1995.

"아빠가 오빠의 이마에 차가운 물수건을 올려 주시는 동안, 난 이불을 개고 학교에 가야 하잖아."

알리키 브란덴베르와 프란츠 브란덴베르크는 부부 작가이다. 우리나라에는 이 책 외에 *안녕 아가야*가 소개되었다.

눈 동그란 고양이를 의인화해서 형제간에 샘하는 아이의 모습을 귀엽게 그렸다. 책을 직접 읽거나 읽어주는 것을 들으면 아이들은 절실히 공감할 이야기이다. 어른도 미소 짓게 된다. 동심을 긍정적, 건설적으로, 가르치려는 의도 없이 표현하기 때문이다.

이야기 구조에 반복성이 뚜렷하여 읽어주기 좋고 어린아이들의 이해를 돕는다. 그림은 털이 많은 고양이를 펜으로 처리하고 엷고 부드럽게 수채화 물감을 입혔다. 페이지에 흰 여백이 많아서 가는 펜 터치의 털난 고양이 그림이, 동그란 눈이 주는 인상과 어울려 귀엽고 상큼하다. 글이 가는 대로 고양이의 표정이 변하는 것도 그림을 보는 재미이다.

할머니는 아픈 아이가 지루하지 않게 이솝우화를 읽어주는 장면이 있다. 책 표지에 "AESOP'S FABLES"이라고 적혀 있는 것을 우리말 번역본에 그대로 인쇄하였다. 그림 속에 나오는 영어글자를 한글로 고쳤으면 더 좋았을 것이다.

살아 있는 모든 것은 / 브라이언 멜로니 글·로버트 잉펜 그림 ;
이명희 옮김. 마루벌, 2007(1999 초판).

풀, 새, 물고기, 나무, 토끼, 벌레 그리고 사람도, 모든 생물은 끊임없이 낳고 죽는다. 낳을 때와 죽을 때 그 사이의 시간 동안 살아 있는 것이다.

사람들은 젊었을 때는 죽는 것에 대해 별로 생각하지 못한다. 그러나 누구든지 또 무엇이든지 태어나서 죽을 때까지 그 제한된 시간 동안만 살아 있다는 것은 엄연한 사실이다.

시작과 끝, 그리고 그 사이의 시간은 정말 진지한 것이다. 아이들에게 조용히 알려주는 글줄은 생에 대한 관조의 시각을 적어 내린 시처럼 들린다. 그림의 담담한 표정도 역시 그렇다. 여기 몇 줄 옮겨보면,

몸집이 큰 새는
작은 새보다 더 오래 살지.
오십 년이나 사는 새도 있고
이삼 년만 사는 새도 있고.
새들은 그런 거야.
그것이 새들의 수명이란다.

시는 소리 내어 읽거나 읽어주는 것을 귀로 음미해야 제 맛이 난다. 이야기로 들려주기보다 읽어주는 것이 더 나은 책이다. 아이들에게는 그림을 보고 들으면서 살아 있음을 생각해보는 무게 있는 시간도 필요하다.

고양이는 나만 따라 해 / 권윤덕 글 · 그림. 창비, 2005.

벌레를 내려다볼 때도 나만 따라 해, 만날 만날.

만희네 집, *시리동동 거미동동*으로 좋은 평가를 받고 있는 작가 권윤덕의 작품이다. 한지로 된 겉표지의 분홍색 가방과 꽃무늬 안감, 그 속에 같은 모습으로 웅크리는 있는 아이와 고양이의 눈이 꼭 닮았다.

아무도 없는 집에서 고양이와 단 둘이 놀면서 밤늦게까지 엄마를 기다리는 여자아이의 이야기이다. 하지만, 주된 이야기의 흐름은 고양이와 함께 흉내 내기 놀이를 하고, 놀이를 통해 상상의 나래를 펴는 아이의 의식세계와 고양이를 통해 자신감과 용기를 되찾는 아이의 감정 변화에 있다.

아주 절제된 문장은 차라리 아이가 읊조리는 시(詩)라고 해도 좋다. 시는 이야기로 들려주기보다 읽어주는 것이 좋다. 아이가 스스로 읽을 때는 눈으로만 읽는 것보다 소리 내어 읽는 것이 좋다.

권윤덕의 그림에서는 정성스런 동양화풍을 느낄 수 있다. 이 책의 그림도 강한 붉은 색과 검정, 녹색의 우리 전통 민화의 색채를 엿볼 수 있다. 그림 한장 한장이 모두 장식적 이미지가 섞인 화려하고 단아한 민화적 이미지를 풍긴다. 이런 그림을 보고 자라는 아이와 어른의 마음은 정결하게 다듬어지지 않을까!

기차 ㄱㄴㄷ / 박은영 글 · 그림. 비룡소, 2007(초판 1997).

박은영은 그림 작가로 *빨간단추, 뭐가 들었지, 준영*(*기역, 니은, 디귿*) 등 글자 공부책을 내었다.

*기차 ㄱㄴㄷ*은 글을 모르는 아이들에게 한글의 자음을 가르치는 책이다. 각각의 자음을 소개할 때마다 그 자음이 들어가는 낱말을 사용하여 ㄱ에서 ㅎ을 잇는 하나의 이야기를 만들었다.

반복해서 아이와 함께 그림을 보면서 소리 내 읽어주면 아이들은 의식하지 못하는 사이에 가 나 다의 자모를 익히게 된다.

기차가 어디 어디를 지나간다는 정도의 개념을 이해하는 나이의 유아들도 한글의 자모를 놀이삼아 알게 된다. 더 어린아이들, 영아들을 위해서는 손가락으로 가리키는 그림의 색깔이 무슨 색깔인지 알아맞히거나 빨강색 그림은 어떤 그림인지 말해보면서 노는 책으로 써도 좋을 것이다.

원색을 주로 사용하였다. 어린이가 그림책 색깔에 대해 어떻게 반응하는가를 연구한 사람들에 의하면 유아는 중간색보다는 원색에 더 반응한다. 이 책은 여러모로 좋은 그림책이면서 읽어주기 좋은 그림책이다. 단지 글이 더 자연스러울 수 없었나 하는 아쉬움은 있다.

씩씩한 마들린느 / 루드비히 베멀먼즈 그림 · 글 ; 이선아 옮김. 시공사, 1994.

마들린느 시리즈는 1939년에 나온 첫 권을 포함하여 6권 모두 국내에 소개되었다. 그 중에서도 *씩씩한 마들린느*는 시간이 지나도 아이들이 좋아하는 그림책이다. 작가, 베멀먼즈의 어머니가 교육받은 수녀원과 외국 학교 경험을 바탕으로 이 시리즈의 그림책을 만들었다고 한다.

마들린느가 프랑스 파리의 오래된 기숙사에서 두 줄 나란히 생활을 한다. 어느 날 밤, 맹장염에 걸려 입원하게 되자 딱딱한 기숙사에서와는 다르게 호사를 한다.

병문안을 가서 이것을 본 아이들이 그 날 한밤중에 병원에 입원시켜 달라고 일제히 울음을 터트린다. 누구나 한번쯤 어릴 적 간절히 바랐던 어린이 마음의 표현이겠다.

노란색과 흑백의 단순한 색체로 기숙사에서 생활하는 아이들의 모습을 그렸다. 열두 명의 아이들이 두 줄 나란히 정렬했다가 흩어지고 다시 두 줄 나란히 정렬하는 그림에서도 리듬이 느껴진다. 간단명료하고 잘 내려가는 문체는 소리 내 읽기, 읽어 주기에 좋다.

손이 나왔네 / 하야시 아키코 글 · 그림 ; 이영준 옮김. 한림, 2003 (1988 초판 20×21cm).

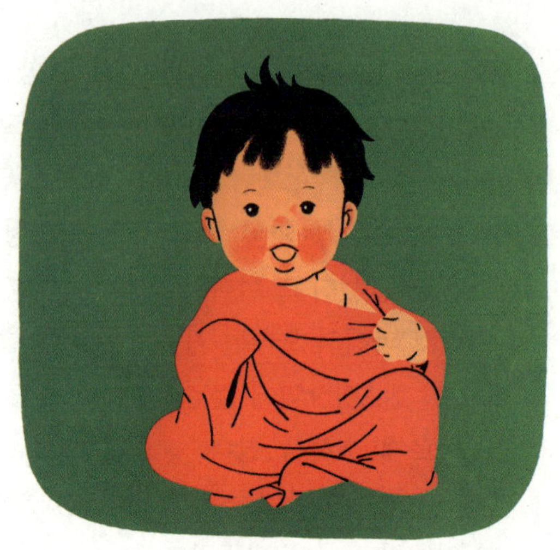

하야시 아키코는 원래 그림 작가로 *달님 안녕*, *은지와 폭신이*, *구두 구두 걸어라*, *싹 싹 싹* 등의 아기용 작품을 펴냈다.

*손이 나왔네*는 까꿍놀이를 좋아하는 아기들에게 읽어 주면서 말을 시키기에 좋은 책이다.

노랑이 섞인 암녹색 바닥에 역시 노랑 빛 도는 붉은색 보자기를 덮은 아기가 손, 머리, 얼굴, 발을 차례로 내보이며 좋아한다. 아기의 눈에는 단순한 선, 면, 색의 그림이 알아보기에 좋다. 각 페이지의 마지막 문장은 언제나 다음 페이지를 예고하는 물음으로 되었다. "한 손은 어디 숨었지?" 아기는 자신의 예상이 다음 페이지에 나오는 것을 보고 만족한다.

제랄다와 거인 / 토미 웅거러 글 · 그림 ; 김경연 옮김. 비룡소, 1996.

토미 웅거러는 100권이 넘는 그림책을 쓰고 그렸다. 우리나라에 소개된 작품으로는 *제랄다와 거인* 이외에 *곰 인형 오토*, *달 사람*, *꼬마 구름 파랑이*, *플릭스*, *세 강도*, *크릭터* 등이 있다.

어린 아이들을 잡아먹는 거인이 요리 솜씨가 좋은 제랄다라는 아이를 잡아먹으려다가 숨어 있던 바위에서 떨어져 사고를 당한다. 거인은 사고를 당한 자기를 치료해 주고 먹을 것을 만들어준 제랄다를 자기 집으로 데려간다.

제랄다는 거인의 집에서 마음껏 요리솜씨를 발휘하여 그 요리에 맛이 들린 거인은 사람 잡아먹는 일을 그만두게 된다.

사람을 잡아먹는다는 것은 끔찍한 일이나 이 책에서는 글의 문장만 그렇지 끔찍한 이야기가 아니다. 주제가 강하고 뚜렷할 뿐이다. 글처럼 그림도 검정계열의 색을 많이 사용하였으나 상대적으로 밝은 부분이 많아 책은 전체적으로 어둡지 않다.

옛이야기 식의 간결한 기승전결의 요소가 잘 갖추어져 있다. 이야기로 들려주거나 읽어주거나 같이 읽거나 아이가 혼자 읽거나 어느 경우나, 아이들입에서는 "재미있다!"라는 말이 절로 나온다.

이모의 결혼식 / 선현경 글·그림. 비룡소, 2004.

이모는 먼 외국에서 외국 사람과 결혼한다. 아이가 이 이모의 결혼식에 화동으로 참예하고 돌아와서 그 경험을 이야기하는 형식의 이야기이다.

산에서 꽃을 꺾어 꽃다발을 만들고 바닷가에 돗자리를 깔고 우리나라 식의 폐백을 드리는 풍경이 멋스럽다. 요즈음 국제결혼이 많아지고 있는 데 대한 이해를 돕는다는 의미도 크다.

주인공(나)은 이모부가 된 서양 아저씨를 시종일관 맘에 들어하지 않았지만 이야기 막음에서는 이모부를 두 손으로 안고 뽀뽀를 한다.

그림 전체에 결혼식이라는 주제와 잘 어울리게 명랑한 노랑 계열의 색을 많이 사용하였다. 사람들의 몸짓과 옷 색깔이 다양하고 자유분방하다. 그러나 사람들의 얼굴을 왜 그렇게 동그스름하게 비슷한 형태로 그렸을까? 아이 눈으로 본 이모부의 배는 불룩하다고 적었는데 그림에는 홀쭉하다. 책을 보는 아이들은 글과 그림이 딱 맞아야 좋아한다.

이야기가 재미있고 그림이 명랑하고 사회적인 시사점이 풍부하다. 읽어주는 부모나 교사는 이 책에 나오는 글과 그림에서 여러 가지 토론 문제를 끌어내어 아이들이 이야기하게 하면 좋을 것이다.

사람놀이 / 키무라 유이치 글 · 초 신타 그림 ; 한수연 옮김. 시공사, 2006.

"다음은 철도 건널목이야. 기린아, 목을 옆으로 쭉 뻗어 줄래?
기차가 지나갈 때까지 사람들은 거기서 가만히 기다린단다.
그리고 목을 들어올렸다가 모두가 건너면 다시 내리고, 또 올렸다 내리고."
기린은 "휴우, 사람들이 사는 마을은 피곤한 곳이구나." 하며 목을 쓰다듬었다.

"저 버스라는 거, 사람들이 사는 마을에서 오는 건가봐."

"거긴 대체 어떤 곳일까……?"

동물들이 사람 사는 마을에 대해 궁금해하자, 사람들과 살아 본 적이 있는 고양이, 노라가 나타난다. 노라는 사람들이 어떻게 사는지 알려주겠다며 동물들에게 '사람놀이'를 하자고 한다.

얼룩말이 횡단보도, 기린은 철도 건널목, 새는 고구마를 자르는 칼, 박쥐는 옷걸이, 코끼리는 수도꼭지, 양은 소파, 고슴도치는 수세미, 거북이는 체중계, 하마의 입은 변기로 역할놀이를 한다. 얼룩말이 횡단보도 역할을 할 때, 모두들 얼룩말을 밟고 지나가자 얼룩말이 아파서 괴로워한다.

다른 동물들도 이런 식으로 역할놀이를 해보니 괴롭기만 하였다. "사람들이 사는 곳은 아주 기분 나쁜 곳이란 말이지!" 동물들은 숲 속으로 도망간다.

얼룩말, 기린, 소, 박쥐, 하마 등 동물의 특성에 맞게 주어지는 역할은 매우 기발하고 적합하여 흥미를 끈다.

글과 그림이 일치하여 이야기가 진행되고 글에는 유머가 넘쳐 재미있다. 그림의 모든 동물이 오른쪽만 바라보게 그렸는데 좀 더 다양하게 되었으면 좋았을 것이다. 아이만이 아니라 어른에게도 재미있는 책이다.

도대체 그동안 무슨 일이 일어났을까? / 이호백 글 · 그림. 재미마주, 2005.

집에서 기르는 토끼 한 마리가 주인 식구들이 없는 틈을 타 집안에 들어와 온갖 사람 흉내를 내고 놀다가 다시 애완동물 토끼로 돌아간다는 이야기다.

토끼는 사람처럼 한복을 입고, 화장을 하고, 음식을 먹고, 블록으로 로봇을 만들고, 텔레비전을 보고, 롤러블레이드를 탄다.

돌아온 식구들은 집안 구석구석에 토끼 똥을 '도대체 그동안 무슨 일이 일어났나?' 하며 궁금해한다. 책을 읽는 아이들은 지난밤 토끼가 집안을 돌아다녀서 그렇게 된 것을 알고 있는데…….

글과 그림에서 토끼의 집안 여행이 자연스럽다. 도회지 아파트에 사는 사람들에게는 더 자연스럽게 들릴 만한 이야기다. 하이라이트가 되는 장면들은 색을 넣고 나머지 그림은 흑백으로 처리하여 그림의 단조로운 느낌을 피하였다. 글은 대화가 없고 모두 설명체이면서도 지루하지 않다.

페이지를 넘기면서 이야기로 들려주면 어떨까? 이때 토끼의 말을 만들어 들려주면 좋을 것 같다. 토끼가 냉장고 문을 여는 장면이 나왔을 때,

"음, 배가 고픈데 맛있는 홍당무라도 있을까?"

라고, 토끼 목소리를 내면 아이들이 더 재미있을 것이다.

빨간 줄무늬 바지 / 채인선 글 · 이진아 그림. 보림, 2007.

동대문시장에서 사 온, 일곱 살 해빈이의 빨간 줄무늬 바지. 해빈이에게 작아진 바지는 동생 해수, 해수 다음엔 사촌동생 김형민, 그 다음엔 해빈이 친구 동생 이종익, 그 다음엔 채슬아, 또 다른 아이가 바지를 기다린다.

입는 아이에 따라 빨간 줄무늬 바지는 조금씩 모양이 바뀌어 가고, 아이들은 바지를 입고 좋아한다. 책 뒤에 작가의 말에 의하면 실제로 줄무늬 바지는 작가의 아름다운 추억을 담고 있다.

이 이야기는 아끼고 만들고 나누어 쓰는 것에 대한 소중함을 담고 있다. 재생지 같은 느낌의 종이, 옛날 타자기로 친 듯한 글씨, 소박한 색은 책이 담고 있는 주제를 상징하는 장치로 이용되었다. 책을 하나의 예술품으로 만들려는 세심한 배려이다.

글은 대화가 적으나 대부분이 읽어주기 좋은 구어체의 짧은 설명문이다.

초판 한정본에 한해서는 헝겊으로 된 그림책 속 주인공이 들어 있다. 이 헝겊으로 엄마와 아이가 함께 인형을 만들면서 이야기를 이어나갈 수 있다.

리디아의 정원 / 데이비드 스몰 그림 · 사라 스튜어트 스몰 글 ; 이복희 옮김. 시공주니어, 1998.

*리디아의 정원*을 쓴 사라 스튜어트와 그림을 그린 데이비드 스몰은 부부이다. *리디아의 정원*은 1998년 칼데콧 아너상을 받았다.

리디아라는 꽃을 좋아하는 시골 소녀는 가정 형편이 어려워지자 잠시 도시에서 빵집을 운영하는 외삼촌댁으로 가게 된다. 도시에서 생활하게 된 리디아는 시골집에 편지로 안부를 전한다. 이 그림책의 글은 리디아의 편지만으로 되어 있다. 리디아가 도시에서 하고 있는 일과 생각하는 것을 엄마, 아빠, 할머니께 적어 보낸 글이다.

외삼촌은 잘 웃지 않는다. 리디아는 그런 외삼촌을 꼭 웃게 만들 것이라 다짐한다. 외삼촌은 경제공항으로 인해 힘든 시기를 겪고 있는 당시의 현대인이다. 외삼촌을 웃게 하려고 열심히 꽃을 가꾸어 건물 옥상에 꽃 정원을 만든다. 꽃 정원이 다 될 때까지 외삼촌에게는 비밀로 하였다가 빵가게를 일찍 닫게 된 미국 독립기념일에 축하 케이크를 꽃 정원에서 자르게 된다.

어려운 중에도 성실하게 열심히 노력하는 리디아의 모습이 아름답다. 결코 교훈의 냄새를 풍기지 않으면서 생활 속의 모범을 보여준다.

그림은 세세하게 그리지 않았으면서 거침없는 달필에 만화풍이 느껴진다. 인물들의 표정이 유머러스하고 이야기의 진행에 잘 부합한다.

구름빵 / 백희나 글 · 그림, 김향수 빛그림. 한솔 수북, 2007(초판2004).

아이들의 공감을 얻을 만한 여러 가지 요소가 들어 있다. 이야기의 배경을 도시로 정한 것이 많은 도시 아이들에게 익숙할 것으로 생각된다. 또 근래에 아침을 빵으로 먹는 가정이 많은 것도 이 이야기의 친근성을 나타낸다.

원래 아이들은 빵을 좋아하는데 그것도 구름으로 만든 빵, 구름이 하늘에 떠가듯이 구름빵을 먹은 아이들도 아침 출근길의 교통난을 피해 하늘로 날아서 아빠를 찾아간다. 늦어서 굶고 출근한 아빠에게 빵 한 개를 가져다드리려고. 얼마나 재미있는 발상인가?

고양이 가족을 등장시킨 것이 재미있다. 또 도시생활을 하는 아이들이 상상할 만한 자연스럽고 정이 있는 이야기다.

주로 콜라주 기법과 물감을 같이 사용하여 장면을 만들고 사진을 찍어서 그림책으로 완성하였다. 작가는, 우산을 쓰고 나르는 장면을 표현하기 위해서 시간배경을 비오는 날로 택하지 않았는가 싶다. 현실성이 있는 판타지는 공감을 얻는 것이다.

비오는 날, 도시는 교통 혼잡이 더하고 하늘은 우중충하니까 그림의 배경이 어두운 편인 듯, 그러나 이야기는 따듯하다. 글과 그림에 정성이 많이 묻어 있다. 유치원 아이들이 읽어달라고 조르는 이야기다.

노란 풍선 / 사카이 고마코 글 · 그림 ; 고향옥 옮김. 웅진주니어, 2007.

어, 이거 보세요.
노란 풍선 좀 보세요!
떠 있는데 날아가지 않아요.
날아가지 않는데 떠 있어요.

글을 쓰고 그림을 그린 사카이 고마코는 *나는 엄마가 좋아*, *아기 여우 리에의 소원*, *밤 곰* 등으로 국내에 소개된 작가이다.

*노란 풍선*은 유아의 심리상태를 잘 표현하고 있다. 아이는 길에서 노란 풍선을 받아 집으로 돌아온다. 엄마는 풍선이 날아가지 않도록 풍선 끈에 숟가락을 묶어 공중에 떠 있으면서도 날아가지 않게 해준다. 아이는 풍선과 이야기를 나누며 소꿉놀이도 한다.

갑자기 바람이 불어 풍선이 날아가 나뭇가지에 걸리고 엄마는 풍선을 내려주려고 애쓰지만 되지 않는다. 풍선과의 약속을 생각하며 눈물을 흘리고 있는 아이의 눈에 풍선은 달님같이 보인다. 달님이 된 풍선은 오히려 행복을 주는 존재가 된 것이다.

그림과 글이 풍선을 갖게 되어 행복해하는 아이의 감정과 풍선을 잃어 슬퍼하는 아이의 감정을 사실적으로 잘 표현하고 있다.

노란 풍선 이외의 다른 그림들은 무채색으로 그려서 독자의 눈이 자연스럽게 두드러진 노란 풍선을 따라가게 유도한다. 노란색이 주는 따듯한 느낌과 희망적 분위기는 이 책 결말에서 달님으로 연결된다.

얼룩이 싫은 얼룩소 / 파블로 베로나스코니 글 · 그림 ; 고정아 옮김. 미세기, 2005.

얼룩소는 얼룩이 싫어서 얼룩을 싹싹 닦아서 흰 소가 되었다가 다시 검정색을 칠해서 검정 소가 된다. 하지만 검정돼지가 친구 취급하는 것이 싫어서 다시 선탠으로 얼룩소가 된다.

페이지 전면에 캐릭터를 큼직하게 그렸다. 추상화시킨 그림이 정성스럽고 깨끗하다. 얼룩무늬 소의 표정, 행동과 글이 일치하여 아주 어린 유아도 이해하기 쉽다. 유아를 대상으로 하는 그림은 물체의 전부를 윤곽선이 분명하게 그리는 것이 좋은데 이 그림책이 그렇다.

글을 모르는 아이들에게 책에 쓰인 글에 구애됨이 없이 그림을 보고 이야기를 꾸며가며 이야기해주는 것도 좋겠다.

내 말 좀 들어 주세요 / 윤영선 글 · 전금하 그림. 문학동네, 2007.

아이들의 개인차와 개별성을 찾아내서 거기에 맞게 가르치라고 교육학 책에 써 있지만 오랜 세월 동안 우리나라 교육현장에서는 획일적인 교육에 매어 있었다. 이 그림책은 아이가 생긴 대로를 이해하고 인정해주기를 권하고 있다.

한편 단어를 가르친다. 아이들의 별명으로 붙여질 만한 단어를 선정하고 그런 특성을 가진 아이를 이해하고 다독거리려는 의도로 그 단어를 설명한다. 흔하지 않은, 괜찮은 책이다.

항목단어가 "우두머리"면 오른쪽 페이지의 설명에는,

> 나는 늘 대장을 하고 싶어요. / 대장은 명령할 수 있으니까요. / 하지만 친구들은 항상 졸병이 되긴 싫대요.

뜨개질 할머니 / 우리 오를레브 글 · 오라 에이탄 그림 ; 이은정 옮김. 문학동네, 2007(초판 2002).

고독한 할머니는 뜨개질로 아름다운 동심의 세계를 만든다.

처음에는 슬리퍼를 뜨고 카펫을 뜨고 침대며 굴뚝이과 창문과 커튼이 달린 조그만 집을 뜬다. 거기에 사람의 마음을 따뜻하게 하는 집안의 소품, 탁자와 주전자와 과자도 뜨개질로 뜬다. 그리고 두 아이를 떠서 생글생글 웃는 마음, 훌짝훌짝 우는 마음, 장난꾸러기 마음, 모든 마음을 넣어준다.

그러나 어른들의 딱딱한 마음이 이 동심의 세계를 무너뜨린다. 마을의 학교 선생님들은 털실로 뜬 아이들을 가르칠 수 없다고 거절하고, 동장은 뜨개질 할머니와 아이들에 대한 소문으로 마을이 유명해져서 돈벌이가 되니까 이제는 울타리를 쳐서 보호하려고 하기 때문이다. 할머니는 화가 나서 밤에 몰래 들어와 모든 것을 풀어 되감아버리고 마을을 떠난다.

그렇지만 작가는 지금도 소망을 가지고 있다. 할머니가 털실로 뜬 아이들을 귀여워해줄 마을에서 뜨개질을 하고 있을 것이라는, 어딘가는 그런 세계가 있으리라는 희망을 말하면서 이야기를 끝낸다.

번역이 좋다. 읽어주기도, 눈으로 읽어도 좋고 아이부터 어른까지 이야기가 상징하는 것들을 볼 수 있는 사람은 읽으면서 즐길 것이다. 1996년 안데르센상 수상작.

아툭 / 미샤 다미얀 글 · 그림 ; 신형건 옮김. 보물창고, 2004.

아툭은 다섯 살 때 갈색 개와 썰매를 선물 받는다. 첫눈에 반한 썰매개에게 타룩이란 이름을 지어주고, 언젠가는 타룩을 우두머리로 삼아 자신의 큰 썰매를 몰겠다는 꿈을 꾼다. 하지만, 타룩은 사냥에 따라갔다가 늑대에게 물려 죽는다. 상심한 아툭은 타룩의 복수를 결심하고 결국은 복수를 했지만 여전히 마음은 허전하다.

어느 날 갑자기 발견한 꽃 한 송이, 무방비 상태로 피어 있는 꽃송이를 보살피고 겨우내 기다려주기로 결심한 순간, 아툭의 마음은 꽃을 사랑하는 마음으로 가득 차게 된다.

글 전체를 통해서 삶과 죽음, 만남과 이별과 같은 인생의 중요한 사건들을 찬찬히 그리고 시적인 정서를 담아 이야기한다. 진한 사랑과 그에 딸린 증오를, 그리고 마음을 녹이고 사로잡는 약함, 섬세함, 아름다움을 검고 푸른 어두운 색깔 위에, 판화로 색인 흰 선들로 이어서 그려낸다. 역시 판화의 세련된 필치는 어두움을 뚫어내는 강한 힘을 지닌다. 그림이 사뭇 글의 무게를 도와주고 있다.

그림과 글이 많이 추상적이다. 하지만 색감과 선의 휘날림을 통해 툰드라 지역의 날씨를 잘 드러내주고 있다. 무거운 주제를 담고 있는 책이지만 이야기를 아이의 시각으로 서술하였다. 정제된 느낌을 준다.

아기오리 열두 마리는 너무 많아! / 채인선 글 · 유승하 그림. 길벗어린이, 2001(초판 1991).

타박타박 걸음 연습 할 때도 두 마리로 가고,
물놀이 갈 때도 두 마리로 가고,
먹이를 잡으러 갈 때도 두 마리로 가고,
소풍을 갈 때도 두 마리로 가고,
집에 돌아와 낮잠을 잘 때도 두 마리로 맞추어 잤어요.
정말 두 마리인 것처럼 보였어요.

채인선은 *손 큰 할머니의 만두 만들기*, *토끼와 늑대와 호랑이와 담이와*, *오늘은 우리집 김장하는 날* 등 그림책과 수많은 동화책을 출판하였다. 어린이를 위한 글작가로 좋은 평가를 받고 있다.

*아기오리 열두 마리는 너무 많아!*는 한마디로 걸작 그림책이다. 어른이 읽어줄 때, 같거나 조금씩 달라지는 말을 반복 읽게 되어 있다. 아이들은 재미있게 그리고 쉽게 어휘를 익힌다. 이야기의 절정에 늑대가 등장하는 것도 자연스러운 결말로 통한다. 동시에 엄마오리가 새끼를 너무 많이 낳았다고 생각하면서 오리 새끼를 세는 이야기여서 숫자 개념을 익히는데도 안성맞춤이다.

그림은 페이지 전면이 노랑과 초록, 갈색 계열의 색으로 되어 있어서 따듯하다. 또 병아리 모습이 활기 있고, 펼친 페이지마다 매번 어미 닭과 열두 마리 병아리가 등장하지만 그림의 구도가 다양하여 지루한 느낌이 없다.

이야기의 내용상 글과 그림의 조화는 물론 페이지 디자인면에서 그림 속에 글을 적절하게 배열하였다.

돼지책 / 앤서니 브라운 글 · 그림 ; 허은미 옮김. 웅진주니어, 2001.

피곳 부인은 어디에도 없었습니다.
벽난로 선반 위에 봉투가 하나 있었습니다.
피곳 씨는 그 봉투를 열어 보았습니다.
안에는 종이가 한 장 들어 있었습니다.

앤서니 브라운은 세계적으로 널리 알려진 그림책 작가로 *고릴라*, *동물원*, *미술관에 간 윌리*, *우리엄마*, *우리형* 등 20여 권의 그림책이 우리나라에 번역 소개되었다.

*돼지책*의 소재는 브라운의 그림책에서 흔히 보듯이 가족의 일상생활에 있다. 아빠와 아이들은 너저분하게 벌여 놓기만 하고, 치우고 정돈하는 것은 엄마 몫이다.

하루는 예고 없이 엄마가 없어진다. 밥해 먹고 치우고 빨래하고 청소하는 모든 일이 얼마나 힘든가를 아빠와 아이들이 깨달을 즈음 엄마가 나타난다.

어느 가정에서나 있을 법한 일을 간명하게 적었다. 글의 물결 같은 톤이 어린아이들에게 읽어주기 적절하다. 그림의 좀 과장된 듯한 표현은 주제를 분명하게 하는 한 방법으로 채용되었다.

그림에서 재미있는 발상은 엄마가 가출한 후에 아빠와 아이들이 돼지 모습으로 바뀐다는 것이다. 왜냐하면 엄마가 "너희들은 돼지야." 하는 편지를 남기고 갔기 때문이다.

이 책의 테마는 표지 그림에 있다. 집안일을 다함께 도우면서 사는 행복한 가정. 그러나 교훈적인 글귀는 아무데도 없다. 아이들에게 깨닫게 하는 좋은 그림책인 증거다.

할머니와 동화 속 그림쥐 / 이규원 글 · 전혜선 그림. 동화사랑, 2004.

할머니가 동화책 속 그림 쥐에게 매일매일 정성스럽게 밥알을 떼어주며 "이걸 먹고 생명을 갖거라."라고 했는데 정말 그렇게 되었다.
이 그림 쥐가 산길에 쓰러진 할머니를 구하고 책 속으로 들어가 버린다. 이야기에 사랑은 생명과 통한다는 교훈이 강하게 풍긴다.
일상에서 불가능한 상황으로 갔다가 다시 일상으로 돌아오는 구성이 전형적인 판타지이다.
"예 쉐리 하임"(나는 생명을 얻었어.)과 같은 히브리말을 사용했는데 해설이 없어서 아쉽다. 이 말의 뜻을 알고 들려줄 때는 오히려 이 이색적 표현이 특별히 주목되므로 이야기의 주제를 강조하는 효과를 낼 수 있겠다.

내가 아빠를 얼마나 사랑하는지 아세요? / 샘 맥브래트니 글 · 니타 제람 그림 ; 김서정 옮김. 베틀북, 2005.

엄마 아빠가 아이들을 사랑한다고 행위로 표현하고 말로도 해주는 것은 아이들의 정서에 좋다. 아이들은 그러한 행위와 말에 안정을 찾고 편안한 마음이 된다.

이 책은 아빠토끼가 아기토끼를 아주 많이 사랑한다고 손을 벌려 보이면서 말해주고 아기토끼도 지지 않고 아빠토끼를 사랑한다고 말하는 이야기다.

두 손을 조금 벌려서 "이만큼"과 많이 벌려서 "이만큼"은 길이의 차이가 있다. 어느 것이 더 긴가 짧은가에 대한 또 어느 것이 많고 적은가에 대한 비교 개념을 준다. 어린이들의 인지발달에서 비교 개념의 확립은 중요한 지적 성장요소이다.

아름다운 책 / 클로드 부종 글·그림 ; 최윤정 옮김. 비룡소, 2007(2002 초판).

토끼 형제가 책을 읽고 있는데 무척 재미있어서 여우가 토끼 굴에 온 것도 모르고 있었다.

드디어 여우가 토끼를 잡아먹으려고 달려드는데 형 토끼가 읽고 있던 책으로 여우를 탁 친다. 형 토끼는 벌어진 여우의 입에다가 책을 쑤셔 넣는다. 어쩔 수 없이 여우가 도망가니까 토끼 형제는 서로 맞장구를 친다.

"봤지. 책은 정말 쓸모 있는 거야."
"맞아. 빨리 또 하나 구해와야겠어."

책은 좋은 것이라고 아이들에게 광고하고 있다. 그러나 이 책이 정말 아름다운 것은 어린아이가 무엇을 소원하며 재미있어 하는지 알고 있다는 점이다. 책의 2/3에 해당하는 부분이 토끼 형제가 재미있는 책을 읽는 내용이다. 토끼 형제가 즐기는 책 내용을 이 책을 보는 아이도 함께 즐길 수 있도록 꾸몄다.

아이들은 날아보고 싶고, 자기보다 크고 힘 센 것을 제어하고 싶다. 이런 것들을 실제로 할 수 없지만, 이런 하고 싶은 것을 이 책에서는 하고 있으니 그 책을 보는 재미가 큰 것이다.

토끼 형제가 책에 빠져 여우가 와도 모르듯이 아이들도 좋아할 것이다.

참고문헌

김숙경. *한국전래놀이노래* I, II. 2책. 동문사, 1993, 2001.

김은숙 글. *고추서리*. 전혜령 그림. 대교출판, 2003.

김종기. *고추랑 마늘이랑*. 동그라미 세모네모, 2003.

두산동아. *동아새국어사전*. 동아출판사, 1990.

동아출판사 백과사전부. *동아원색세계대백과사전*. 동아출판사, 1985. 권 28.

류정. "IT 전도사에서 인성교육 전도사로". *조선일보*. 2007년 9월 1일.

문용린. *열 살 이전에 사람됨을 가르쳐라*. 갤리온, 2007.

문치, 로버트. *종이봉지 공주*. 마이클 마첸코 그림 ; 김태희 옮김. 비룡소, 2004.

박중현. "부모와 대화 많을수록 성적 '쑥쑥'". *조선일보*. 2004년 4월 13일. 한국교육과정평가원 조사 분석 결과 보도.

유창근. *전래동요*. 학지사, 1999.

이용태. *이야기로 키우는 인성 교육법*. 박약회, 2007.

최효찬. "대문호 괴테 어머니의 베갯머리 교육". *조선일보*. 2007년 7월 2일.

트렐리즈, 짐. *아이들에게 책을 읽어주자*. 이일남 옮김. 오리진, 1995.

편해문. *가자가자 감나무*. 창비, 1998.

한상수. "꼬리물린 호랑이". *옛날 옛적 이야기*. 충청남도, 1991.

Begley, Sharon and John Carey. "The wisdom of babies". *Newsweek*, January 12, 1981.

Cambridge International Dictionary of English. London : Cambridge Press, 1995

Dorothy, De Wit. *Children's Faces Looking Up: Program Building for the Storyteller*. Chicago : ALA, 1979.

Joseph Jacobs's English Fairy Tales. David Nutt, 1894 / Reprint : London, Bodley Head, 1968.

Mathias, Beverley. "The art of storyteller". *How to Write & Illustrate Children's Books* ed. by Treld Pelkey Bicknell and Felicity Trotman. Cincinati, Ohio : Writer's Digest Books, 2005.

Potter, Beatrix. *The Tale of Peter Rabbit*. [n.p.] : Allan Pub., 1989(First ed. 1902).

Shelley, Marshall. *Telling Stories to Children*. Lion Publishing, 1990.

Trelease, Jim. *The Read-Aloud Handbook*. Penguin books, 1982.

Trelease, Jim. *The Read-Aloud Handbook* 2nd ed. Penguin books, 1985.

Webster's Encyclopedic Unabridged Dictionary of the English Language. New York : Random House, 1996.

www.farid-hajji.net/books/en/Bryant_Sara_Cone/ts-index.html (*How to tell stories to children and some stories to tell* by Sara Cone Bryant).

www.ikasi.or.kr (동화구연지도사협회).

www.kinds.or.kr (한국언론협회).

찾아보기

항목편 (1～6장)

(ㅇ)

(ㅈ)

(ㅊ)

(ㅋ)

(ㅌ)

(ㅍ)

(ㅎ)

그림책편 (7장 책명, 글작가, 그림작가)

(ㅌ)

(ㅎ)